Die Kultur der Azteken

Der amerikanische Historiker William Hickling Prescott erblindete fast vollständig zu Beginn seines Studiums an der Harvard-Universität. Obwohl sich sein Sehvermögen wieder ein wenig besserte, blieb Zeit seines Lebens sein Sehvermögen stark beeinträchtigt. Nach der Beendigung seines ersten Studiums bereiste er Europa, studierte Literatur und spanische Geschichte. Dabei beschäftigte er sich eingehend mit der Geschichte der spanischen Kolonien in der Neuen Welt. Er veröffentlichte zahlreiche Geschichtswerke, die durch eine große Detailfülle und ihre stilistische und erzählerische Qualität glänzten und daher auch Aufnahme in den Kanon der amerikanischen Literatur fanden.

Der Herausgeber Dipl.-Math. Klaus-Dieter Sedlacek studierte in Stuttgart neben Mathematik und Informatik auch Physik. Nach fünfundzwanzig Jahren Berufspraxis in der eigenen Firma widmet er sich nun seinen privaten Forschungsvorhaben und veröffentlicht die Ergebnisse in allgemein verständlicher Form. Darüber hinaus ist er der Herausgeber mehrerer Buchreihen unter anderem der Reihen 'Wissenschaftliche Bibliothek' und 'Wissen gemeinverständlich'.

William Prescott

Die Kultur der Azteken

Mit einem Anhang
Große Landesausstellung Baden-Württemberg
„Azteken" im Lindenmuseum

Illustrierte Ausgabe herausgegeben von
Klaus-Dieter Sedlacek

Wissen gemeinverständlich Band 21

Bibliografische Information Der Deutschen Bibliothek:
Die Deutsche Bibliothek verzeichnet diese Publikation in
der Deutschen Nationalbibliografie; detaillierte
bibliografische Daten sind im Internet über
http://dnb.ddb.de
abrufbar.

Illustrierte Ausgabe

Coverbild: Der Stein der Sonne

Herstellung und Verlag: BoD – Books on Demand, Norderstedt.
ISBN 9783750420274

Inhaltsverzeichnis

2. Women of the People. 3. Priestess. 4. King. 5.—8. Warriors. 9. 10. High Priest and Priest of the God of War. 11. 16. Man of Rank. 12. Chief. 13. 14. Wa
15. Standard-bearer.

DIE KULTUR DER AZTEKEN

DAS ALTE MEXIKO

Ausdehnung des aztekischen Gebiets. — Die „tierra caliente" (heiße Gegend). — Bodenerzeugnisse. — Vulkanische Gegenden. — Die „Cordilleras de los Andes". — Das Tal von Mexiko. — Die Ureinwohner. — Die Tolteken. — Gründung von Mexiko. — Das „Venedig der westlichen Welt". — Aufstieg der Azteken. — Errichtung des Aztekenreichs

Von dem ganzen ausgedehnten Reich, das einst die Herrschaft Spaniens in der Neuen Welt anerkannte, ist kein Teil an Wichtigkeit und Reiz mit Mexiko zu vergleichen; und dies ebenso wohl hinsichtlich der Mannigfaltigkeit seines Bodens und Himmelstriches, der unerschöpflichen Menge seiner Schätze aus dem Steinreich, seiner beispiellos großartigen und malerischen Gegenden, des Charakters seiner alten Bewohner, die nicht nur in ihrer geistigen Begabung die anderen nordamerikanischen Stämme überragen, sondern uns durch ihre Denkmäler an die ursprüngliche Bildung Ägyptens und Hindustans erinnern, als wegen der eigentümlichen Umstände seiner Eroberung, die so romantisch und reizend ist, wie irgend eine Sage von normannischen oder italienischen Barden des Rittertums.

Das Land der ehemaligen Mexikaner oder Azteken, wie sie genannt wurden, bildete nur einen sehr kleinen Teil von den ausgedehnten Ländereien, welche der neue Freistaat Mexiko in sich fasst. Seine Grenzen können nicht mit Bestimmtheit angegeben werden. Sehr erweitert waren sie in der letzten Zeit des Reiches, während der sie an der Seite des Atlantischen Meeres ungefähr vom achtzehnten bis zum einundzwanzigsten Grade, an der des Stillen Ozeans, nur einen schmalen Strich umfassend, vom vierzehnten bis zum neunzehnten Grade nördlicher Breite angenommen werden können. Seine größte Breite konnte nicht fünf und einen halben Grad übersteigen, und je nach der südöstlichen Grenze zu musste sie sich auf weniger als zwei verengern. Sein Flächenraum betrug wahrscheinlich weniger als sechzehntausend Quadrat-Leguas (die spanische Legua hat etwa sechs Kilometer). Und dennoch zeigte dieses Land, obgleich nur zweimal so groß als Neu-England, wegen seiner merkwürdigen Bodengestaltung die Mannigfaltigkeit der verschiedensten Himmelsstriche, und war fähig, fast jede Frucht zu erzeugen, die man zwischen dem Erdgleicher und dem Polarkreise findet.

Dem Atlantischen Meere entlang ist das Land von einem breiten Erdstriche eingefasst, der *tierra caliente* oder heiße Gegend genannt wird und den gewöhnlichen hohen Wärmegrad der Länder des Erdgleichers hat. Versengte und sandige Ebenen wechseln mit anderen von außerordentlicher Fruchtbarkeit ab, fast undurchdringlich durch Gebüsche von wohlriechenden Stauden und wilden Blumen, in deren Mitte sich Bäume von jenem prachtvollen Wuchs erheben, den man nur innerhalb der Wendekreise antrifft. In dieser lieblichen Wildnis lauert die böse Malaria, die wahrscheinlich durch die Zersetzung faulender Pflanzenstoffe in einem heißen und feuchten Boden erzeugt wird. Die Zeit der Gallenfieber — *vomito,* wie man sie nennt —, die diese Küsten heimsuchen, währt vom Frühling bis zu der Herbstnachtgleiche, wo dann die kalten Winde, die von der Hudson-Bai kommen, ihr Einhalt tun. Diese Winde wachsen im Winter häufig zu Stürmen an, und die atlantische Küste und den gekrümmten Meerbusen von Mexiko entlang streichend, brechen sie mit der Wut eines Orkans gegen dessen unbeschützte Ufer und die benachbarten westindischen Inseln los. Dies sind die gewaltigen Bannformeln, womit die Natur dieses Zauberland umringt hat, als wollte sie dadurch die goldenen Schätze hüten, die sein Inneres birgt. Der unternehmende menschliche Geist hat sich mächtiger erwiesen als ihre Zauberformeln.

Nachdem der Reisende einige zwanzig Leguas durch diese brennend heißen Gegenden gewandert ist, steigt er in einen reineren Luftkreis auf. Seine Glieder erlangen ihre Spannkraft wieder; er atmet freier, denn seine Sinne sind jetzt nicht mehr von der drückenden Hitze und den berauschenden Wohlgerüchen des Tales betäubt. Auch der Anblick der Natur ist nun ein anderer, und sein Auge schwelgt nicht mehr in der heiteren Farbenmannigfaltigkeit, womit dort die Landschaft geschmückt war. Die Vanille, der Indigo und die blühenden Kakaohaine verschwinden, je weiter er voranschreitet; Zuckerrohr und die glattblättrige Banane begleiten ihn noch; und wenn er ungefähr viertausend Fuß hoch gestiegen ist, sieht er an dem unveränderlichen Grün und dem reichen Laub des Storaxbaumes, dass er die Höhe erreicht hat, wo sich Wolken und Nebel auf ihrem Wege von dem mexikanischen Meerbusen festsetzen. Dies ist die Gegend beständiger Feuchtigkeit; aber er heißt sie gern willkommen, da sie ihm verkündet, dass er dem Einfluss des tödlichen Vomito entgangen ist. Er ist in die *tierra templada* oder gemäßigte Gegend eingetreten, deren Charakter dem des gemäßigten Erdstriches gleicht. Nun wird die Ansicht des Schauplatzes großartig, ja furchtbar. Sein Weg führt ihn längs des Fußes mächtiger Berge, die einst feuerspeiend leuchteten und noch jetzt, blendend in ihren Schneemänteln, den Seefahrern mehrere Leguas weit hinaus als Leuchttürme dienen. Ringsumher erblickt er noch Spuren ihres ehemaligen Brandes, da sein Weg über weite Strecken von Lava geht, die in unzählig wunderlichen Formen emporsteht, in die der flammende Strom sich durch die Hindernisse in seinem Laufe gestaltet hat. Vielleicht sieht er in demselben Augenblick, wenn er 6ein Auge an irgendeinem steilen Abhang oder einer fast unergründlichen Bergschlucht am Rande der Landstraße hinabgleiten lässt, ihre Abgründe mit den reichsten Blüten und dem üppigen Pflanzenleben der Wendekreise geschmückt. Solche sonderbare Gegensätze bieten sich zur nämlichen Zeit den Sinnen in diesen malerischen Gegenden dar!

Noch weiter aufwärts dringend, steigt der Wanderer in andere Himmelsstriche, die anderen Arten von Anpflanzungen günstig sind. Der gelbe Mais oder das indische Korn, wie wir ihn zu nennen pflegen, hat ihn fortwährend von den niedrigsten Ebenen hinaufbegleitet, doch jetzt sieht er zuerst Felder von Weizen- und anderen europäischen Kornarten, die die Eroberer in das Land ge-

Tlachiquero, den Pulque aus der Agavepflanze saugend.

bracht haben. Zwischen denselben erblickt er Anpflanzungen von Aloe oder Maguey *(Agave americana)*, die zu so verschiedenem und wichtigem Gebrauch von den Azteken verwendet werden. Die Eichen erreichen jetzt einen kräftigeren Wuchs, und die düsteren Fichtenwälder verkünden, dass er die *tierra fria* oder kalte Gegend — die dritte und letzte der großen, natürlichen Bodenstufen, worin das Land geteilt ist — erreicht hat. Wenn er die Höhe zwischen sieben-und achttausend Fuß erklommen hat, betritt der müde Wanderer den Gipfel der Kordilleren der Anden — jener riesigen Bergkette, die, nachdem sie Südamerika und die Landenge von Darien durchstrichen, sich, sobald sie Mexiko erreicht, in jenes große Tafelland ausbreitet, das fast zweihundert Leguas lang, eine Höhe von über sechstausend Fuß beibehält, bis es sich allmählich in den höheren nördlichen Breiten absenkt. Quer durch diesen Bergwall streicht eine Kette feuerspeiender Berge in einer westlichen Richtung, von noch staunenswerterer Ausdehnung, und bildet einige der höchsten Landpunkte des Erdballs. Ihre Spitzen, die in die beständige Schneegrenze hinein reichen, verbreiten über die Hochebenen darunter eine angenehme Kühlung; denn diese letzteren haben, obgleich sie kalt genannt werden, einen Himmelsstrich, dessen mittlerer Wärmegrad nicht niedriger als der von Mittelitalien ist.

Die Luft ist übermäßig trocken; der Boden, obgleich von Natur gut, ist selten mit dem üppigen Pflanzenwuchs der niedrigeren Gegenden bekleidet. Er hat häufig ein versengtes, dürres Aussehen, was zum Teil von der größeren Verdunstung, die auf diesen hohen Ebenen wegen des verminderten Luftdruckes stattfindet, herrührt, zum Teil, ohne Zweifel, von dem Mangel an Bäumen, um den Boden vor dem heftigen Einfluss der Sommersonne zu schützen. Zu den Zeiten der Azteken war das Tafelland reich mit Lärchenbäumen, Eichen, Zy-

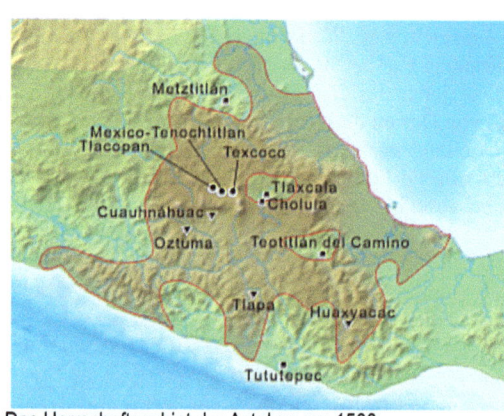

Blick vom Sonnentempel auf die Mondpyramide von Tiahuacan

Das Herrschaftsgebiet der Azteken um 1500

pressen und anderen Waldbäumen bedeckt. Der außerordentliche Umfang einiger derselben, die noch bis heute übrig geblieben sind, zeigen, dass der Fluch der Unfruchtbarkeit späterer Zeiten mehr dem Menschen als der Natur zuzuschreiben ist. Es haben in der Tat die früheren Spanier den Wäldern ebenso ohne Unterschied, wiewohl mit weit weniger Grund, den Krieg erklärt, wie es unsere puritanischen Vorfahren getan. Nachdem sie einmal das Land erobert, hatten sie von dem unterwürfigen, halbgesitteten Indianer keinen lauernden Hinterhalt zu fürchten, und sie waren nicht wie unsere Voreltern genötigt, ein Jahrhundert lang Wache zu halten. Diese Bloßlegung des Bodens soll indes, wie man sagt, ihrer Einbildungskraft wohlgetan haben, da sie an die Ebenen ihres kastilischen

DAS ALTE MEXIKO

Vaterlandes, des Tafellandes von Europa, erinnerte, wo die Nacktheit der Landschaft die immer wiederkehrende Klage jedes Reisenden ist, der jenes Land besucht.

Mitten im Festland, etwas näher dem Stillen Ozean als dem Atlantischen, in einer Höhe von nahe an siebentausendfünfhundert Fuß, befindet sich das berühmte Tal von Mexiko. Es hat eine länglich-runde Gestalt, ungefähr siebenundsechzig Leguas Umfang, und wird von einem turmartigen Wall aus Porphyrfelsen umringt, den die Natur fürsorglich, wenn auch vergebens, zum Schutze gegen einen Angriff gebildet zu haben scheint.

Der einst mit einem schönen, grünen Teppich bekleidete und dicht mit stattlichen Bäumen besetzte Boden findet sich oft nackt und an manchen Stellen weiß von Salz übersintert, woran das Austrocknen der Gewässer schuld ist. Fünf Seen sind über das Tal verbreitet, die den zehnten Teil seiner Oberfläche einnehmen. An den gegenüberliegenden Ufern des breitesten dieser Wasserbecken, das seit den Zeiten der Azteken sehr an Ausdehnung verloren hat, standen Mexiko und Tezcuco, die Hauptstädte der beiden mächtigsten und blühendsten Staaten von Anahuac, deren Geschichte so wie die der geheimnisvollen Stämme, die vor ilmen im Lande waren, einige der nächsten Annäherungen zu,r Bildung zeigt, die ehemals auf dem nordamerikanischen Festlande zu finden war.

Von diesen Stämmen waren die ausgezeichnetsten die Tolteken. Aus einer nördlichen Richtung vordringend, doch aus welcher Gegend ist ungewiss, kamen sie auf das Gebiet von Anahuac, wahrscheinlich vor dem Ende des siebenten Jahrhunderts. Natürlich lässt sich mit Gewissheit nur wenig über ein Volk erforschen, dessen geschriebene Urkunden untergegangen und uns nur durch die mündlich überlieferten Sagen der Völker bekannt sind, die seine Nachfolger waren. Nach allgemeiner Übereinstimmung derselben indes waren die Tolteken im Landbau und in vielen der nützlichsten Handwerke wohl unterrichtet; waren geschickte Metallarbeiter; erfanden die verwickelte, von den Azteken angenommene Zeiteinteilung; und waren überhaupt die echten Quellen der sittlichen Bildung, wodurch sich dieser Teil des Festlandes später auszeichnete. Sie errichteten ihre Hauptstadt in Tula, nördlich vom mexikanischen Tal, und die Überreste von ausgedehnten Bauwerken waren noch zur Zeit der Eroberung zu erkennen. Die erhabenen Trümmer religiöser und anderer Gebäude, die noch immer in verschiedenen Teilen Neuspaniens zu sehen sind, werden diesem Volke zugeschrieben, dessen Name Tolteken gleichbedeutend mit Baumeister geworden ist. Ihre dunkle Geschichte erinnert uns an jene ursprünglichen Stämme, die den alten Ägyptern auf dem Wege der Gesittung vorangingen; deren Denkmäler, wie man sie noch heute in Bruchstücken mit den Bauwerken der Ägypter verschmolzen sieht, diesen letzteren das Ansehen von fast neuen Gebäuden geben. Nach einem Zeiträume von vier Jahrhunderten verschwanden die Tolteken, die ihre Herrschaft über die fernsten Grenzen von Anahuac hinaus verbreitet hatten, so still und geheimnisvoll aus dem Lande, wie sie in dasselbe gekommen waren. Man sagt, sie seien durch Hungersnot, Pest und erfolglose Kriege großenteils aufgerieben worden. Ein geringer Teil von ihnen blieb zögernd zurück, aber der bei weitem größere verbreitete sich wahrscheinlich über Mittelamerika und die benachbarten Inseln; und der Reisende betrachtet jetzt gedankenvoll die majestätischen Trümmer von Mitla und Palenque als möglicherweise von diesem ungewöhnlichen Volke herrührend.

Nach Verlauf von weiteren Jahrhunderten zog eine zahlreiche, rohe Horde, die Chichemeken genannt, aus Nordwesten in das verödete Land. Ihnen folgten rasch andere Stämme von höherer Gesittung, vielleicht von gleicher Abkunft mit den Tolteken, deren Sprache sie geredet zu haben scheinen. Die bekanntesten von diesen waren die Azteken oder Mexikaner und die Acolhuaner. Die letzteren, in späteren Zeiten besser unter dem Namen der Tezcucaner, von ihrer Hauptstadt Tezcuco, am östlichen Ufer des mexikanischen Sees, bekannt, waren durch ihre vergleichsweise milde Religion und Gebräuche besonders geeignet, den Anstrich von Bildung zu empfangen, der von den wenigen Tolteken hergeleitet werden konnte, die noch im Lande zurückblieben. Denselben teilten sie ihrerseits wieder den rohen Chichemeken mit, von denen ein großer Teil mit den neuen Ansiedlern zu einem Volke verschmolz. Die Acolhuaner, gestützt auf ihre Stärke, die sich nicht nur von ihrer größeren Anzahl, sondern von ihrer höheren Verfeinerung herleitete, breiteten ihre Herrschaft über die roheren Horden im nördlichen Lande aus, während ihre Hauptstadt sich mit einer zahlreichen Bevölkerung füllte, die sich mit manchen der nützlicheren und selbst zierlicheren Künste eines gebildeten Staatswesens eifrig beschäftigte. In diesem blühenden Zustande wurden sie plötzlich von ihren kriegerischen Nachbarn, den Tepaneken, ihnen verwandt und Bewohner des nämlichen Tales, angegriffen. Ihre Landschaften wurden überwältigt, ihre Heere geschlagen, ihr König ermordet, und die blühende Stadt Tezcuco fiel dem Sieger als Preis in die Hände. Aus diesem verächtlichen Zustande erlöste endlich die außerordentliche Begabung des jungen Prinzen Nezahualcoyotl, des rechtmäßigen Thronerben, gestützt auf den wirksamen Beistand seiner mexikanischen Verbündeten, den Staat und öffnete demselben eine neue Laufbahn des Gedeihens, die selbst glänzender als die frühere war.

Die Mexikaner, mit deren Geschichte wir uns hauptsächlich beschäftigen, kamen ebenfalls, wie wir gesehen haben, aus dem fernen Norden, von wo ,in der neuen Welt, wie früher in der alten, die Völkerschwärme auszogen. Sie gelangten an die Grenzen von Anahuac gegen Anfang des dreizehnten Jahrhunderts, einige Zeit nach der Einnahme des Landes durch die verwandten Stämme. Lange Zeit setzten sie sich auf keinem bleibenden Wohnsitze fest, sondern fuhren fort, an verschiedenen Teilen des mexikanischen Tales umherzuziehen, alle Zufälligkeiten und Beschwerden eines Wanderlebens erduldend. Bei einer Gelegenheit wurden sie von einer mächtigeren Horde unterjocht, aber ihre Wildheit machte sie ihren Herren bald furchtbar. Nach einer Reihe von Wanderungen und Abenteuern, die einen Vergleich mit den überspanntesten Sagen aus der Heldenzeit des Altertums nicht zu scheuen brauchen, machten sie endlich an den südwestlichen Ufern des Hauptsees im Jahre 1325 halt. Daselbst sahen sie auf dem Zweige eines stacheligen Birnbaumes, der aus einer Spalte eines von den Wellen bespülten Felsens hervorschoss, einen Königsadler von ungewöhnlicher Größe und Schönheit sitzen, eine Schlange in seinen Klauen haltend und seine mächtigen Flügel gegen die aufgehende Sonne ausgebreitet. Sie begrüßten dies heilbringende Zeichen, das, durch einen Götterspruch verkündet, die Lage ihrer künftigen Stadt anzeigte, und legten den Grund zu derselben, indem sie Pfähle in die seichten Stellen senkten; denn das niedere Marschland lag halb unter Wasser. Auf diesen errichteten sie ihre leichten Gebäude aus Rohr und Binsen und suchten einen unsicheren Lebensunterhalt vom Fischen und von dem wilden Geflügel, das sich am Wasser aufhielt, sowie vom Anbau solcher Gewächse, die sie in ihren schwimmenden Gärten erzielen konnten. Der Ort wurde zum Zeichen seines wunderbaren Entstehens Tenochtitlan genannt, wiewohl er Europäern nur unter seinem anderen Namen Mexiko, von ihrem Kriegsgott Mexitli hergeleitet, bekannt ist. Die Sage von seiner Gründung ist noch immer durch das Sinnbild des Adlers und Kaktus erhalten, die das Wappen des neuen Freistaates Mexiko bilden. Diese unbedeutende Ansiedlung bildete den Ursprung des „Venedig der westlichen Welt".

Die hilflose Lage der neuen Ansiedler wurde durch innere Fehden noch verschlimmert. Ein Teil der Bürger zog sich von der Hauptvereinigung zurück und bildete eine besondere Gemeinde auf den benachbarten Marschländern. In dieser Trennung währte es lange, ehe sie daran denken konnten, Grundbesitz im Festlande zu erwerben. Sie nahmen indes allmählich an Zahl zu und erstarkten noch mehr durch verschiedene Fortschritte in ihrer Verfassung und Kriegszucht, während sie sich einen Ruf sowohl von Mut als von Grausamkeit im Kriege gründeten, der ihren Namen im ganzen Tal furchtbar machte. Zu Anfang des fünfzehnten Jahrhunderts, fast hundert Jahre nach Gründung der Stadt, fiel ein Ereignis vor, das eine gänzliche Umwälzung in den Umständen und einigermaßen in dem Charakter der Azteken bewirkte. Dies war die schon erwähnte Unterjochung des tezcucanischen Königreiches durch die Tepaneken. Als das drückende Verfahren der Sieger endlich einen Geist des Widerstandes hervorgerufen hatte, gelang es seinem Prinzen Nezahualcoyotl, nach unglaublichen Gefahren und Mühseligkeiten, eine solche Streitmacht aufzustellen, die ihn, mit Hilfe der Mexikaner, seinen Feinden gleichstellte. In zwei aufeinanderfolgenden Schlachten wurden diese unter großem Gemetzel besiegt, ihre Anführer erschlagen, und ihr Landgebiet ging durch einen jener plötzlichen Schicksalswechsel, die den Kriegen unbedeutender Staaten eigen sind, in die Hände der Sieger über. Es wurde Mexiko, als Vergeltung für seine wichtigen Dienste, zuerkannt.

Hierauf ward jenes merkwürdige Bündnis geschlossen, das nicht seinesgleichen in der Geschichte hat. Die Staaten von Mexiko, Tezcuco und das kleine benachbarte Königreich Tlacopan kamen dahin überein, dass sie sich einander in ihren Angriffs- und Verteidigungskriegen beistehen wollten, und dass bei der Verteilung der Beute Tlacopan ein Fünftel und die anderen Mächte den Rest, in welchem Verhältnisse ist ungewiss, erhalten sollten. Die tezcucanischen Schriftsteller machen für ihr Volk auf einen gleichen Anteil mit den Azteken Anspruch. Allein dies scheint mit dem ungeheuren Zuwachs an Land, das die letzteren sich nach und nach zueigneten, nicht in Einklang zu stehen.

Und wir können auf einigen Vorzug, den ihnen der Vertrag zugestanden hat, aus der Voraussetzung schließen, dass, wie untergeordnet sie auch ursprünglich gewesen sein mögen, sie sich doch zur Zeit, als er zustande kam, in einer gedeihlicheren Lage als ihre Verbündeten befunden haben, die durch langen Druck niedergebeugt und entmutigt waren. Weit merkwürdiger jedoch, als der Vertrag selbst, ist die Treue, womit er aufrecht erhalten wurde. Während eines Jahrhunderts ununterbrochener Kriegführung, die darauf folgte, ereignete sich kein Beispiel von Streit der Parteien über die Teilung der Beute, der sooft ähnliche Bündnisse unter gesitteten Staaten scheitern macht.

Die Verbündeten fanden eine Zeitlang hinreichende Beschäftigung für ihre Waffen in ihrem eigenen Tal; doch bald überschritten sie dessen Felswälle, und gegen die Mitte des fünfzehnten Jahrhunderts, unter dem ersten Montezuma, hatten sie sich an den Seiten des Tafellandes hinab bis zu den Ufern des mexikanischen Meerbusens ausgebreitet. Tenochtitlan, die aztekische Hauptstadt, zeugte von der allgemeinen Wohlfahrt. Ihre gebrechlichen Hütten wurden durch feste Bauwerke aus Stein und Kalk verdrängt. Ihre Bevölkerung vermehrte sich rasch; ihre alten Fehden wurden beigelegt. Die Bürger, die sich abgetrennt hatten, wurden wieder unter die gemeinsame Regierung mit dem Hauptstamm vereinigt, und der Stadtteil, den sie bewohnten, ward auf immer mit der Mutterstadt verbunden, deren auf zusammenhängendem Boden befindlicher Umfang weit größer war als der der heutigen Hauptstadt Mexiko. Glückliche,rweise folgte sich auf dem Throne eine Reihe fähiger Fürsten, die ihre vermehrten Hilfsquellen und den kriegerischen Geist des Volkes zu nützen verstanden. Ein Jahr nach dem andern sah man sie beladen mit der Beute eroberter Städte und mit einer gedrängten Menge unglücklicher Gefangener nach ihrer Hauptstadt zurückkehren. Kein Staat war imstande, lange der vermehrten Stärke der Verbündeten Widerstand zu leisten. Zu Anfang des sechzehnten Jahrhunderte, gerade vor der Ankunft der Spanier, reichte die Herrschaft der Azteken auf dem Festlands vom Atlantischen bis zum Stillen Ozean, und unter dem kühnen und blutigen Ahuitzotl trugen sie ihre Waffen weit über die schon erwähnten, sein bleibendes Gebiet bestimmenden Grenzen hinaus, bis in die entferntesten Winkel von Guatemala und Nikaragua. Diese Machtausdehnung, wie beschränkt sie auch im Vergleich mit der mancher anderen Staaten sein mag, ist in der Tat staunenswert, wenn man sie als die Erwerbung eines Volkes befrachtet, dessen ganze Bevölkerung und Hilfsquellen noch vor so kurzer Zeit von den Mauern ihrer eigenen unbedeutenden Stadt umschlossen wahren; und wenn man ferner bedenkt, dass das eroberte Gebiet dicht mit verschiedenen Stämmen besetzt war, die gleich den Mexikanern für die Waffen erzogen waren und in kultureller Beziehung wenig unter ihnen standen. Die Geschichte der Azteken bietet einige auffallende Vergleichspunkte mit der der alten Römer dar, nicht allein in ihrem Kriegsglück, sondern in der Staatsklugheit, die dazu führte.

DER STAAT DER AZTEKEN

Wahl und Krönung des Herrschers. — Der aztekische Adel. — Die gesetz-
gebende Gewalt. — Das Gerichtswesen. — Schrifttum und Bilderschriftge-
mälde. — Heiratsbräuche. — Die Sklaverei. — Einkünfte des Herrschers
und Steuerwesen. — Die Post. — Das Heerwesen. — Pracht der kriegeri-
schen Kleidung. — Der Federschmuck. — Strenge der Kriegsgesetze. — La-
zarette. — Der Einfluss der europäischen Kultur auf die Azteken

Die Regierungsform wich in den verschiedenen Staaten Anahuacs voneinander ab. Bei den Azteken und Tezcucanern war sie ein fast unumschränktes Königtum. Die beiden Völker waren einander so ähnlich in ihren staatlichen Einrichtungen, dass einer ihrer Geschichtsschreiber auf eine allerdings zu umfassende Weise bemerkt hat, dass, was von dem einen gesagt wird, sich auch immer auf das andere anwenden lässt. Ich richte meine Forschungen auf die mexikanische Staatsverfassung und werde gelegentlich eine Erläuterung von der des Nebenbuhlerstaates entlehnen.

Die Regierung war ein Wahlkönigreich. Vier der vornehmsten Edelleute, die durch ihre eigene Körperschaft unter der vorherigen Regierung ausgewählt worden waren, bekleideten das Amt der Wähler, denen, jedoch nur mit dem Ehrenrang versehen, sich die zwei königlichen Verbündeten von Tezcuco und Tlacopan anschlossen. Der Herrscher wurde aus den Brüdern des verstorbenen Fürsten gewählt oder, in Ermangelung solcher, aus seinen Neffen. Auf diese Weise blieb die Wahl stets auf die nämliche Familie beschränkt. Der begünstigte Bewerber musste sich im Kriege ausgezeichnet haben, wenn er auch, wie dies bei dem letzten Montezuma der Fall gewesen, ein Mitglied des Priesterstandes war. Diese sonderbare Art der Wiederbesetzung des Thrones hatte manches Vorteilhafte für sich. Die Bewerber erhielten eine Erziehung, die sie zur königlichen Würde geeignet machte, während das Alter, in dem sie gewählt wurden, das Volk nicht nur gegen die Übel der Minderjährigkeit schützte, sondern auch hinreichende Mittel gewährte, ihre Befähigung zum Amte zu würdigen. Jedenfalls war der Erfolg ein günstiger, da der Thron, wie schon erwähnt, mit einer Nachfolge fähiger Fürsten besetzt ward, die sich dazu eigneten, über ein kriegliebendes und ehrgeiziges Volk zu herrschen. Die Wahlanordnung, so mangelhaft sie auch war, verrät eine verfeinertere und wohlberechnetere Staatsklugheit, als man von einem rohen Volke erwarten durfte.

Der neue König wurde mit vielem Prunk religiöser Förmlichkeit in seine königliche Würde eingeführt; doch nicht eher, als bis er durch einen siegreichen Feldzug eine hinreichende Zahl von Gefangenen gemacht hatte, um seinen Siegeseinzug in die Hauptstadt zu schmücken und Schlachtopfer für die finsteren und blutigen Gebräuche zu liefern, die den aztekischen Aberglauben befleckten. Unter dem Gepränge von Menschenopfern wurde er gekrönt. Die Krone, die in ihrer Form einer Priestermütze glich und mit Gold, Edelsteinen und Federn seltsam verziert war, wurde ihm von dem Herrscher von Tezcuco, dem mächtigsten seiner königlichen Verbündeten, auf das Haupt gesetzt. Der Titel

15

König, der den früheren aztekischen Fürsten von spanischen Schriftstellern beigelegt wird, ist in den späteren Regierungen durch den Titel *Kaiser* verdrängt, vielleicht um seinen Vorrang vor den verbündeten Königreichen Tlacopan und Tezcuco anzudeuten. Die aztekischen Fürsten, besonders gegen das Ende des Herrscherstammes, lebten in einem rohen, wahrhaft morgenländischen Gepränge. Ihre weitläufigen Paläste enthielten Hallen für die verschiedenen Ratsversammlungen, die dem König bei der Ausübung seiner Geschäfte behilflich waren. Die hauptsächlichste war eine Art von geheimem Staatsrate, der wahrscheinlich zum Teil aus den von den Edelleuten nach der Thronbesteigung ernannten vier Wählern bestand, deren Stellen, wenn sie sich durch einen Todesfall erledigt fanden, unmittelbar wie vorerwähnt wieder besetzt wurden. Das Geschäft dieses Rates bestand, soweit aus den sehr unvollständigen Berichten darüber ersichtlich ist, dem König in Bezug auf die Regierung der Landschaften, auf die Verwaltung der Einkünfte und überhaupt auf alle wichtigen Gegenstände der öffentlichen Wohlfahrt Ratschläge zu erteilen.

In den königlichen Gebäuden fanden sich auch Räumlichkeiten für eine zahlreiche, aus dem vornehmsten Adel ausgehobene Leibwache des Landesherrn. Es ist nicht leicht, in diesen rohen Regierungsformen die Grenzen der verschiedenen Rangstufen mit Genauigkeit zu bestimmen. Gewiss ist es, dass es eine ausgezeichnete Klasse von Edelleuten mit großem Landbesitz gab, die die wichtigsten Stellen in der nächsten Umgebung des Fürsten bekleideten und die Verwaltung der Landschaften und Städte für sich in Beschlag nahmen. Viele von diesen konnten ihre Abstammung von den Gründen des aztekischen Königreiches nachweisen. Einigen zuverlässigen Schriftstellern zufolge, gab es dreißig große Kaziken, die, wenigstens einen Teil des Jahres, ihren Wohnsitz in der Hauptstadt hatten, und von denen jeder an hunderttausend Lehnsmannen in seinen Besitzungen aufzustellen vermochte.

Ohne auf so unbestimmte Angaben Gewicht zu legen, geht aus dem Zeugnisse der Eroberer klar hervor, dass das Land von zahlreichen mächtigen Häuptlingen bewohnt war, die gleich unabhängigen Fürsten auf ihren Landgebieten lebten. Wenn es wahr ist, dass die Könige den Aufenthalt dieser Edelleute in der Hauptstadt begünstigten oder vielmehr erzwangen und während deren Abwesenheit Geiseln verlangten, so ist es erwiesen, dass ihre Macht sehr furchtbar gewesen sein muss.

Ihre Güter scheinen auf verschiedenen Besitztiteln zu ruhen und mehreren Einschränkungen unterworfen gewesen zu sein. Einige derselben, die sie durch ihre guten Schwerter erworben oder als Belohnung für öffentliche Dienste erlangt hatten, unterlagen keiner Beschränkung, mit Ausnahme der, dass die Besitzer nicht darüber zugunsten eines Unadeligen verfügen konnten. Andere mussten auf den ältesten männlichen Abkömmling übergehen, und fielen in Ermangelung eines solchen an die Krone zurück. Die meisten derselben scheinen mit der Verpflichtung zum Kriegsdienste belastet gewesen zu sein. Die vornehmsten Häuptlinge von Tezcuco waren, dessen Zeitgeschichtsschreiber zufolge, ausdrücklich verpflichtet gewesen, ihren Landesfürsten mit ihren bewaffneten Lehnsmannen zu unterstützen, sein Hoflager zu besuchen und ihm im

Rate Beistand zu leisten. Einige mussten statt dieser Dienste für die Ausbesserung seiner Gebäude sorgen, die königlichen Krongüter in Ordnung halten und eine jährliche lehnspflichtige Darbringung von Früchten und Blumen leisten. Wenn wir einigen Geschichtschreibern glauben dürfen, so war es gebräuchlich, dass ein neuer König bei seiner Thronbesteigung die Belehnung der Güter, die von der Krone herrührten, bestätigte. Es ist nicht zu leugnen, dass wir in all diesem verschiedene Züge des Lehnswesens erkennen, die unter den Händen der spanischen Schriftsteller, die es Heben, Ähnlichkeiten mit europäischen Einrichtungen aufzufinden, gewiss nichts von ihrer Wirkung eingebüßt haben. Doch solche Ähnlichkeiten führen zuweilen zu sehr irrigen Schlüssen. Die Verpachtung zum Kriegsdienste z. B., der wesentlichste Grundsatz eines Lehens, scheint eine natürliche Forderung jeder Regierung an ihre Untertanen zu sein. Was die geringeren Ähnlichkeitspunkte betrifft, so bleiben sie weit hinter jenem in sich geschlossenen Wesen gegenseitigen Dienstes und Schutzes zurück, das in genauer Abstufung jeden Stand eines Lelmskönigreichs umfasste. Die Königreiche von Anahuac waren, ihrer Natur nach, unumschränkt, jedoch von manchen mildernden Umständen begleitet, die der Willkürherrschaft des Morgenlandes unbekannt waren; allein es ist töricht, danach zu forschen, was sie — mit Ausnahme weniger zufälliger Formen und Gebräuche — mit jenen adelherrschaftlichen Einrichtungen des Mittelalters gemein hatten, welche den Hof jedes unbedeutenden Lehensträgers zum genauen kleinen Spiegelbild von dem seines Landesherrn machten.

Die gesetzgebende Macht, sowohl in Mexiko als in Tezcuco, beruhte gänzlich in dem Herrscher. Dieser Zug von Willkürherrschaft fand indes einigermaßen ein Gegengewicht in der Einrichtung der Gerichtshöfe, worauf es bei einem rohen Volke mehr ankommt als auf die Frage der Gesetzgebung, da es leichter ist, gute Gesetze für solch eine Staatsgesellschaft zu machen als sie kräftig anzuwenden, und die besten Gesetze, schlecht gehandhabt, nur zum Schein da sind, über jede der bedeutendsten Städte mit den zugehörigen Grundstücken war ein von der Krone angestellter oberster Richter gesetzt, mit einleitender und vollziehender Gerichtsbarkeit sowohl in bürgerlichen als peinlichen Rechtsfällen. Gegen sein Erkenntnis konnte man sich an keinen andern Gerichtshof, ja selbst nicht an den König berufen. Er behielt sein Amt so lange er lebte, und wer sich seine Amtszeichen anmaßte, wurde mit dem Tode bestraft.

Unter dieser obrigkeitlichen Person stand in jeder Landschaft ein aus drei Mitgliedern gebildeter Gerichtshof. Dieser übte in bürgerlichen Rechtssachen zugleich mit dem Oberrichter Gerichtsbarkeit, in peinlichen jedoch fand eine Berufung an seinen Richterstuhl statt. Außer diesen Gerichtshöfen gab es noch eine Körperschaft von Unterrichtern, die im Lande verteilt und vom Volke selbst in ihren verschiedenen Bezirken gewählt wurden. Ihre Befugnis war auf kleinere Sachen beschränkt, während die wichtigeren vor die höheren Rechtsämter gebracht wurden. Es gab noch eine andere Klasse untergeordneter, auch vom Volke angestellter Beamter, von denen jeder über die Aufführung einer gewissen Anzahl von Familien zu wachen und über jede Unordnung oder Verletzung der Gesetze an die höheren Machthaber zu berichten hatte.

In Tezcuco waren die richterlichen Einrichtungen von mehr verfeinerter Art, und eine Abstufung von Gerichtssitzungen fand ihren Abschluss zuletzt in einer allgemeinen Versammlung oder Parlament, das aus Richtern, hohen und niederen, im ganzen Königreiche bestand und alle achtzig Tage in der Hauptstadt unter persönlichem Vorsitze des Königs gehalten wurde. Diese Körperschaft entschied über alle Rechtsfälle, die ihrer Wichtigkeit oder Schwierigkeit halber ihrer Erwägung von den niedrigeren Gerichtshöfen vorbehalten worden waren. Sie diente außerdem als Staatsrat zum Beistand des Königs bei der Bearbeitung öffentlicher Angelegenheiten.

Dies sind die unsicheren und unvollständigen Nachrichten, die man über die aztekischen Gerichtshöfe aus den noch vorhandenen Schriftbildern und den glaubwürdigsten spanischen Schriftstellern zusammenbringen kann. Da die letzteren gewöhnlich Geistliche sind, haben sie diesem Gegenstände weit weniger Aufmerksamkeit gewidmet als solchen, die mit der Religion Zusammenhängen. Sie sind allerdings einigermaßen durch die frühe Zerstörung der meisten indianischen Bilder, aus denen sie ihre Belehrung hätten schöpfen können, entschuldigt.

Im ganzen muss indes angenommen werden, dass die Azteken gebildet genug waren, um Sorge für Eigentums-und persönliches Recht zu bedürfen. Das Gesetz zeigt, indem es eine Berufung an die höchste Gerichtsbarkeit nur in peinlichen Fällen gestattet, dass es persönliche Sicherheit im Auge hat, die durch die große Strenge des peinlichen Gesetzbuches, die natürlich noch vorsichtiger gegen einen falschen Urteilsspruch machen musste, nur um so notwendiger wurde. Das Bestehen einer Anzahl gleichgestellter Gerichtshöfe ohne einen Mittelpunkt höchster Machtvollkommenheit zur Beaufsichtigung des Ganzen, musste zu sehr abweichenden Auslegungen des Gesetzes in verschiedenen Bezirken Veranlassung gegeben haben. Doch dies ist ein Übelstand, den sie mit den meisten europäischen Völkern teilten.

Die Maßregel, den obersten Richter ganz unabhängig von der Krone zu machen, war eines aufgeklärten Volkes würdig; sie bildete den stärksten Damm gegen Zwingherrschaft, den eine bloße Verfassung schaffen konnte; wiewohl sich allerdings nicht voraussetzen lässt, dass in einer sonst so willkürlichen Regierung sich nicht Mittel gefunden hätten, Einfluss auf den Richter zu üben. Allein es war ein großer Schritt, sein Ansehen durch die Bekräftigung des Gesetzes mit einer Schutzmauer zu umgeben; und keinen der aztekischen Herrscher trifft, so viel ich weiß, die Beschuldigung eines Versuches, sie zu durchbrechen.

Geschenke oder Bestechung anzunehmen sowie auf irgendeine Weise eines Verständnisses mit einem Rechtsuchenden schuldig zu sein, wurde bei einem Richter mit dem Tode bestraft. Wer oder welches über seine Schuld entschied, ist nicht klar. In Tezcuco taten es die übrigen Glieder des Gerichtshofes, wobei jedoch der König den Vorsitz hatte. Der tezcucanische Prinz Nezahualpilli, der die Gerechtigkeit selten durch Gnade milderte, verurteilte einen Richter zum Tode, weil er Bestechung angenommen, und einen andern, weil er Rechtshändel in seinem eigenen Hause abgemacht hatte, was ebenfalls, dem Gesetze nach, ein Hauptverbrechen war.

Die Richter der höheren Gerichtshöfe wurden vom Ertrage eines Teiles der Kronländereien erhalten, der zu diesem Endzwecke bestimmt war. Diese sowie der Oberrichter behielten ihre Ämter lebenslänglich. Das Verfahren bei den Gerichtshöfen wurde mit Anstand und Ordnung geleitet. Die Richter trugen eine angemessene Kleidung, und blieben den ganzen Tag über bei ihren Geschäften, indem sie, um Zeit zu ersparen, stets in einem Zimmer des Gebäudes, worin sie ihre Sitzungen hielten, zu Mittag speisten; ein Verfahren, das von den spanischen Zeitgeschichtsschreibern sehr gelobt wird, in deren heimischen Gerichtshöfen schnelle Abfertigung eben nicht gebräuchlich war. Es waren Beamte zur Erhaltung der Ordnung angestellt, andere zur Vorladung der Parteien, und zur Einführung derselben ins Gericht. Man bediente sich keiner Rechtsanwälte; die Parteien brachten ihre Angelegenheiten selbst vor und unterstützten sie durch ihre Zeugen. Der Eid eines Angeschuldigten wurde als beweiskräftig zugelassen. Die Darlegung des Rechtsfalles, das Zeugnis und die Verhandlungen des Verhörs wurden sämtlich von einem Gerichtsschreiber in Schriftbildern aufgesetzt und dem Gerichtshöfe übergeben. Die Bilder waren mit solcher Genauigkeit ausgeführt, dass man sie bei allen, das sächliche Eigentum betreffenden Rechtshändeln in den spanischen Gerichtshöfen noch sehr lange nach der Eroberung als gültige Gewährschaft beibringen konnte. Zur Kenntnis und Deutung derselben wurde im Jahre 1553 in Mexiko ein Lehrstuhl errichtet, der schon seit langer Zeit das Schicksal der meisten anderen Lehranstalten in jenem unglücklichen Lande geteilt hat.

Ein Todesurteil wurde durch eine mit einem Pfeile quer über das Bildnis des Angeklagten gezogene Linie angedeutet. In Tezcuco, wo der König in dem Gerichtshöfe den Vorsitz hatte, geschah dies, nach dem Zeitgeschichtschreiber jenes Landes, mit außerordentlicher Feierlichkeit. Ich gebe seine Beschreibung, die einen etwas dichterischen Anstrich hat, mit seinen eigenen Worten: „In dem königlichen Palast von Tezcuco war ein Hofraum, an dessen gegenüberliegenden Seiten sich zwei Gerichtshallen befanden. In der größten derselben, der Richtstuhl Gottes genannt, stand ein Thron von reinem Gold, mit Türkisen und anderen Edelsteinen eingelegt. Auf einem Sessel gegenüber wurde ein menschlicher Schädel gestellt, mit einem ungeheuer großen, spitzkegeligen Smaragd gekrönt, über dem sich ein Busch von glänzenden Federn und Edelsteinen erhob. Der Schädel wurde auf einen Haufen von Kriegsschwertern, Schilden, Köchern, Bogen und Pfeilen gelegt. Die Wände waren mit Tapeten aus Haaren verschiedener wilder Tiere, von reichen und bunten Farben, mit goldenen Ringen umwunden und mit Abbildungen von Vögeln und Blumen gestickt, über dem Throne war ein Prachthimmel von buntem Gefieder, aus dessen Mitte glänzende Strahlen von Gold und Juwelen hervorschossen. Der andere Gerichtshof, der des Königs genannt, war ebenfalls mit einem prachtvollen Federhimmel geschmückt, auf dem das königliche Wappen prangte. Hier gab der König öffentlich Gehör und erließ seine Befehle. Aber wenn er über wichtige Gegenstände entschied oder ein Todesurteil bestätigte, begab er sich auf den Richtstuhl Gottes, von den vierzehn großen Reichswürdenträgern begleitet, die ihrem Rang gemäß geordnet waren. Hierauf setzte er seine mit Edelsteinen ausgelegte Infelkrone auf, und einen goldenen Pfeil statt Zepter in seiner Linken haltend, legte er seine Rechte auf den Schädel, und sprach das Urteil." Man muss gestehen, dass all dies für einen Gerichtshof etwas prunkend aussah. Allein es ist gewiss, dass die Tezcucaner, wie wir später sehen werden, die Stoffe und auch die nötige Geschicklichkeit, sie so zu bearbeiten, besaßen. Wären sie in der Verfeinerung ein wenig weiter vorgerückt gewesen, so müsste man wohl zweifeln, dass sie den schlechten Geschmack gehabt hätten, so zu verfahren.

Die Gesetze der Azteken wurden aufgezeichnet und dem Volke in ihren Bilderschriftgemälden dargestellt. Der bei weitem größte Teil derselben hat, wie bei jedem unvollkommen gebildeten Volke, mehr Bezug auf Sicherheit der Personen als des Eigentums. Auf sämtlichen großen Verbrechen gegen die Gesellschaft stand Todesstrafe. Selbst der Mord eines Sklaven wurde mit dem Tode bestraft. Ehebrecher wurden, wie bei den Juden, gesteinigt. Diebstahl wurde, nach dem Grade des Verbrechens, mit Sklaverei oder Tod bestraft. Doch konnten die Mexikaner vor diesem Verbrechen eben nicht große Furcht gehegt haben, da die Eingänge zu ihren Wohnungen weder durch Riegel noch andere Befestigungen irgendeiner Art verwahrt gewesen sind. Es war ein Hauptverbrechen, die Grenzen der Äcker eines andern zu verrücken; die eingeführten Maße zu verändern; und für einen Vormund, wenn er nicht imstande war, genaue Rechnung vom Eigentum seines Mündels abzulegen. Diese Einrichtungen zeugen von einer Rücksicht auf rechtliche Handlungsweise und auf die Rechte einzelner, die einen bedeutenden Fortschritt in sittlicher Bildung verrät. Verschwender, die ihr väterliches Vermögen vergeudeten, wurden auf gleiche Weise bestraft; dies ist allerdings ein strenges Urteil, da das Vergehen schon seine angemessene Strafe mit sich führte. Unmäßigkeit, der immer wiederholte Gegenstand ihrer religiösen Reden, war mit den strengsten Strafen belegt, als ob sie darin den fressenden Krebsschaden ihres eigenen Stammes sowie den der übrigen Indianer für kommende Zeiten vorausgesehen hätten. Sie wurde bei jungen Leuten mit dem Tode und bei älteren Personen mit dem Verlust von Rang und Beschlagnahme des Eigentums bestraft. Indes war es nicht die Absicht, eine anständige Fröhlichkeit bei ihren Festen zu verpönen, und sie besaßen die Mittel, sich derselben zu ergeben, in einem schwach gegorenen Getränk. *pulque* genannt, das noch jetzt nicht nur bei den Indianern, sondern auch bei der europäischen Landbevölkerung ein beliebtes ist.

Die Heiratsgebräuche wurden mit ebenso viel Förmlichkeit als in irgendeinem christlichen Lande gefeiert, und die Ehe wurde so in Ehren gehalten, dass ein eigener Gerichtshof gestiftet war, um darauf bezügliche Fragen zu entscheiden. Ehescheidungen konnten nur nach vorherigem Urteilsspruch dieses Gerichtshofes, infolge ruhiger Anhörung beider Parteien, vorgenommen werden.

Der merkwürdigste Teil des aztekischen Gesetzbuches war jedoch der, der die Sklaverei betraf. Es gab verschiedene Einteilungen der Sklaven: Kriegsge-

Ruinen von Chich'enitza. Yucatan. "El Castillo"

fangene, die fast immer zum schauderhaften Opfertode aufbewahrt wurden; Verbrecher, Staatsschuldner, Personen, die aus äußerster Armut auf ihre Freiheit von selbst verzichteten, und Kinder, die von ihren eigenen Eltern verkauft waren. Im letzteren, gewöhnlich auch durch Armut herbeigeführten Falle, war es bei den Eltern gebräuchlich, dass sie, mit des Herrn Bewilligung, andere ihrer Kinder nach und nach, wenn sie heranwuchsen, an die Stelle treten ließen, indem sie auf diese Weise die Last so gleichmäßig als möglich unter die verschiedenen Familienglieder verteilten. Die Bereitwilligkeit freier Menschen, sich der Last eines solchen Standes zu unterziehen, erklärt sich aus der milden Form, in der sie bestand. Der Verkaufsvertrag wurde in Gegenwart von wenigstens vier Zeugen abgeschlossen. Die zu fordernden Dienste wurden sehr genau begrenzt. Es war dem Sklaven erlaubt, seine eigene Familie zu haben, Eigentum und sogar eigene Sklaven zu besitzen. Seine Kinder waren frei. Niemand in Mexiko konnte zur Sklaverei geboren werden, eine ehrenvolle Auszeichnung, die, wie ich glaube, von keinem gebildeten Staatsverband, in dem die Sklaverei gesetzlich eingeführt war, bekannt ist. Die Herren verkauften ihre Sklaven nicht, wenn sie nicht Armut dazu nötigte. Sie ließen dieselben oft bei ihrem Tode frei, und zuweilen, da es keinen natürlichen, auf den Unterschied der Abkunft und des Stammes gegründeten Abscheu gab, verheirateten sie sich mit ihnen. Jedoch konnte ein widerspenstiger oder lasterhafter Sklave mit einem Halsband um den Hals, was als Zeichen seines schlechten Charakters galt, auf den Markt gebracht und daselbst öffentlich verkauft, bei einem abermaligen Verkauf jedoch zum Opfertod aufbewahrt werden.

Dies sind einige der bezeichnendsten Züge aus dem aztekischen Gesetzbuch, mit welchem das tezcucanische große Ähnlichkeit hatte. Mit einigen Ausnahmen trägt es den Stempel der Strenge, ja der Wildheit eines rohen Vol-

Opferaltar des Königs Tizoc Mexiko, Nationalmuseum

Xochicalco, Teil der Pyramide mit Federschlange und Hieroglyphen

kes, das, abgehärtet durch Vertrautheit mit blutigen Auftritten, mehr auf körperliche als auf geistige Mittel zur Besserung des Bösen rechnete. Dennoch zeigt es eine hohe Achtung für die großen Grundsätze der Tugendlehre und eine ebenso klare Auffassung dieser Grundsätze, als bei den am meisten gebildeten Völkern zu finden ist.

Die königlichen Einkünfte flössen aus verschiedenen Quellen. Die Kronländereien, die ausgedehnt gewesen zu sein scheinen, lieferten ihre Erträge in natürlichen Erzeugnissen. Die in der Nachbarschaft der Hauptstadt gelegenen Ortschaften waren angehalten, Stoffe und' Arbeiter zum Bau der Paläste des Königs zu liefern und sie in baulichem Stande zu erhalten. Auch mussten sie Feuerung, Lebensrnittel und was sonst zu seinem gewöhnlichen Haushalt erforderlich war, liefern, der gewiss nicht nach einem beschränkten Maßstabe eingerichtet war.

Die vornehmsten Städte, zu denen zahlreiche Dörfer und ein großer Landstrich gehörten, waren in Bezirke eingeteilt, von denen jeder einen Anteil von den ihnen durch das Los zugeteilten Ländereien zum Unterhalt erhielt. Die Bewohner zahlten einen festgesetzten Teil vom Ertrag an die Krone. Auch die Lehnsmannen der großen Häuptlinge mussten einen Teil ihrer Ernten in den öffentlichen Schatz fließen lassen, was ganz und gar nicht mit dem Geiste der Lehnsverfassungen übereinstimmt.

Zu dieser Steuer auf den gesamten Bodenertrag des Landes trat noch eine andere auf dessen Kunsterzeugnisse. Die Art und Mannigfaltigkeit der Abgaben wird am besten aus der Aufzählung einiger der Hauptgegenstände hervorgehen. Diese waren baumwollene Kleider und künstlich aus Federwerk verfertigte Mäntel; verzierte Rüstungen; goldene Gefäße und Teller; Goldstaub, Bänder und Armspangen; Kristall, vergoldete und gefirniste Krüge und Becher; kupferne Glocken, Waffen und Hausgeräte; Riese Papier; Getreide, Früchte, Kopalharz, Ambra, Cochenille, Kakao, wilde Tiere und Vögel, Bauholz, Lehm, Matten usw.

Es ist auffallend, dass in diesem sonderbaren Gemengsel der allerhäuslichsten Bedürfnisse und der gesuchtesten Überflüssigkeiten der Prunksucht des Silbers gar nicht erwähnt wird, das in späteren Zeiten der große Handelsgegenstand des Landes wurde, und dessen Gebrauch die Azteken gewiss bekannt gewesen ist.

In den größeren Städten — wahrscheinlich in den entlegenen und kürzlich eroberten — waren stehende Besatzungen eingerichtet, um Aufruhr zu verhüten und die Zahlung der Beiträge zu erzwingen. Auch waren Abgabenerheber im ganzen Königreiche verteilt, die man an ihren amtlichen Merkmalen erkannte und wegen der unbarmherzigen Strenge ihrer Eintreibungen fürchtete. Einem strengen Gesetze zufolge setzte sich jeder seine Obliegenheit nicht Erfüllende aus, ergriffen und als Sklave verkauft zu werden. In der Hauptstadt waren große Kornböden und Speicher zur Aufnahme der Abgaben eingerichtet. Ein Obereinnehmer hatte seine Wohnung im Palast; er hielt eine genaue Rechnung von den verschiedenen Landessteuern und überwachte die Aufführung der niederen Angestellten, bei denen die unbedeutendste Unterschlagung ohne Verzug bestraft wurde. Jener Beamte war mit einer Landkarte des ganzen Reiches nebst genauer Aufzählung der auf jedem Teile desselben haftenden Abgaben versehen. Diese unter den Regierungen der ersten Fürsten mäßigen Abgaben wurden unter denen am Schluss des Herrscherstammes durch die drückende Art der Einziehung so lästig, dass sie Missvergnügen im ganzen Lande erzeugten und den Spaniern den Weg zur Eroberung desselben bahnten.

Vermittels Eilboten wurde eine Verbindung mit den entferntesten Landesteilen unterhalten. Auf den großen Landstraßen waren Posthäuser errichtet, deren jedes ungefähr zwei Leguas von dem andern entfernt war. Der Eilbote, der seine Sendschriften in der Form bilderschriftlicher Gemälde überkam, eilte mit denselben bis zum ersten Standort, wo sie ihm ein anderer Bote abnahm und bis zum nächsten beförderte, und auf diese Weise fort bis zur Hauptstadt. Diese Eilboten, die dazu von Kindheit an eingeübt wurden, reisten mit einer unglaublichen Schnelligkeit; nicht vier bis fünf Leguas in einer Stunde, wie ein alter Zeitgeschichtsschreiber uns glauben machen will, aber doch mit solcher Eile, dass die Sendschriften in einem Tage ein-bis zweihundert englische Meilen weit befördert wurden. Auf die Tafel Montezumas wurden oft frische Fische gebracht, die vor vierundzwanzig Stunden zweihundert Meilen weit von der Hauptstadt im mexikanischen Meerbusen gefangen waren. Auf diese Weise erhielt der Hof rasch Nachricht von den Bewegungen der königlichen Heere. Die Kleidung des Eilboten, der durch eine entsprechende Farbe den Charakter seiner Nachrichten andeutete, verbreitete Freude oder Bestürzung in den Städten, durch welche er kam.

Allein das große Ziel der aztekischen Anstalten, auf das häusliche Erziehung und öffentliche Ehrenbezeigungen gleichmäßig hinstrebten, war das Kriegshandwerk. In Mexiko wie in Ägypten teilte der Krieger das höchste Ansehen mit dem Priester. Der König musste, wie wir gesehen haben, ein erfahrener Krieger sein. Die Schutzgottheit der Azteken war der Kriegsgott. Ein großer Zweck ihrer kriegerischen Unternehmungen war, Hekatomben von Gefangenen für seine Altäre zusammenzubringen. Der Krieger, welcher in einer Schlacht fiel, wurde plötzlich in den Bereich unaussprechlicher Seligkeit in den glänzenden Wohnungen der Sonne versetzt. Jeder Krieg wurde daher zum Kreuzzuge, und der von religiöser Begeisterung entflammte Krieger war, gleich dem frühem Sarazenen oder dem christlichen Kreuzfahrer, nicht nur in der Stimmung, die Gefahr zu verachten, sondern er strebte danach um der unvergänglichen Märtyrerkrone willen. So finden wir den nämlichen Antrieb in den entgegengesetzten Teilen des Erdballs tätig und den Asiaten, den Europäer und den Amerikaner, jeden den heiligen Namen der Religion bei der Verübung von Menschengemetzel inbrünstig anrufen.

Die Kriegsfrage wurde in einem Rate des Königs und seines höchsten Adels verhandelt. Vor der Kriegserklärung wurden Gesandte abgeschickt, um den feindlichen Staat zur Aufnahme der mexikanischen Gottheiten und zur Zahlung der gebräuchlichen Abgabe aufzufordern. Die Personen der Gesandten waren in ganz Anahuac für heilig erachtet. Sie erhielten in den großen Städten Wohnung und Beköstigung auf öffentliche Kosten und wurden überall mit Höflichkeit aufgenommen, so lange sie nicht von den Landstraßen auf ihrem Wege abwichen. Taten sie dies, so gingen sie ihrer Vorrechte verlustig. Blieb die Gesandtschaft ohne Erfolg, so wurde eine Herausforderung oder offene Kriegserklärung abgeschickt; man zog eine verhältnismäßige Anzahl von Leuten aus den eroberten Landschaften, welch letztere stets dem Kriegsdienste und der

Zahlung von Abgaben unterworfen waren, und nun trat das königliche Heer, gewöhnlich mit dem König an der Spitze, seinen Kriegszug an.

Die aztekischen Fürsten bedienten sich derselben Reizmittel, die die europäischen zur Belebung des Ehrgefühls ihrer Anhänger anwenden. Sie errichteten verschiedene Kriegerorden, von denen jeder seine Vorrechte und besondere Abzeichen hatte. Es scheint daselbst auch eine Art von Ritterstand niederen Grades bestanden zu haben. Er war die wohlfeilste Belohnung kriegerischer Tapferkeit; wer ihn nicht erlangt hatte, dem waren Ausschmückungen an seinen Waffen und seiner Person versagt, und er musste einen groben weißen Stoff aus Aloefasern, *nequen* genannt, tragen. Selbst die Mitglieder der königlichen Familie waren von diesem Gesetze nicht ausgenommen, was an den gelegentlichen Gebrauch der christlichen Ritter erinnert, einfache Rüstungen und Schilde ohne Inschrift zu tragen, bis sie irgendeine kühne Rittertat vollbracht hatten. Obgleich die Kriegerorden jedermann offenstanden, so ist es doch wahrscheinlich, dass nur hauptsächlich Personen vom Stande aufgenommen wurden, die vermöge ihrer Erziehung und ihrer Verbindungen imstande waren, unter besonders vorteilhaften Umständen zu Felde zu ziehen.

Die Kleidung der höheren Krieger war malerisch und oft prachtvoll. Ihr Körper war bedeckt mit einer anliegenden Jacke von ausgenähter Baumwolle, so dick, dass die leichten Wurfgeschosse der Indianer nicht hindurchdringen konnten. Diese Kleidung war so leicht und zweckmäßig, dass sie von den Spaniern angenommen wurde. Die reicheren Häuptlinge trugen zuweilen statt dieses baumwollenen Panzerhemdes einen aus dünnen Gold- oder Silberplatten verfertigten Brustharnisch. Darüber war ein Überkleid von prachtvollem Federwerk geworfen, in deren Verfertigung sie Meister waren. Ihre Helme waren zuweilen von Holz, wie die Köpfe wilder Tiere geformt, und zuweilen von Silber, auf deren Spitze ein Busch von buntfarbigen Federn, mit Edelsteinen und Goldzierraten untermischt, herabwehte. Sie trugen auch Halsbänder, Armspangen und Ohrringe von denselben reichen Stoffen.

Ihre Heere waren in Scharen von achttausend Mann geteilt, und diese wieder in Hauptmannschaften von drei- bis vierhundert, deren jede ihren eigenen Befehlshaber hatte. Die Volksfahne, die man mit der alten römischen verglichen hat, stellte in ihrer Gold- und Federstickerei die Wappenschilder des Staates dar. Diese deuteten den Namen desselben an, der, da die Namen sowohl von Personen wie von Städten irgendeinem körperlichen Gegenstände entlehnt waren, leicht durch bilderschriftliche Zeichen auszudrücken war. Die Hauptmannschaften und großen Häuptlinge hatten auch ihre eigentümlichen Banner und Inschriften, und die munteren Farben ihrer bunten Federbüsche gaben dem Schauspiele einen blendenden Glanz.

Ihre Kriegführung war so beschaffen, wie sie sich von einem Volke erwarten lässt, bei dem der Krieg wohl ein Gewerbe, aber nicht zum Rang einer Wissenschaft erhoben war. Sie rückten singend und unter Kriegsgeschrei auf den Feind los, zogen sich ebenso schnell wieder zurück, und machten Gebrauch

Brücke der Azteken

von Hinterhalten, Überrumpelungen und leichten Plänkeleien nach Art der Guerillas-Kriegführung. Doch war ihre Kriegskunst so groß, dass sie ihnen das Lob der spanischen Eroberer erwarb. „Es war ein schöner Anblick", sagt einer von ihnen, „sie ihren Heereszug antreten zu sehen, alle so munter und in so bewundernswerter Ordnung vorwärtsschreitend!" In der Schlacht waren sie nicht so sehr bestrebt, ihre Feinde zu töten als sie zu Gefangenen zu machen; auch schindeten sie nicht die Hirnschädel gleich anderen nordamerikanischen Horden. Die Tapferkeit eines Kriegers wurde nach der Anzahl seiner Gefangenen geschätzt, und kein Lösegeld war groß genug, den Gefangenen zu retten.

Ihr Kriegsgesetzbuch trug dieselben strengen Züge, wie ihre übrigen Gesetze. Ungehorsam gegen Befehle wurde mit dem Tode bestraft. Auch stand bei einem Krieger der Tod darauf, seine Fahne zu verlassen, den Feind anzugreifen, ehe das Zeichen dazu gegeben war, und sich eines Andern Gefangenen oder Beute zu bemächtigen. Einer der letzten tezcucanischen Fürsten tötete, im Geiste eines alten Römers, zwei seiner Söhne, nachdem er ihre Wunden geheilt hatte, — weil sie das eben erwähnte Gesetz übertreten hatten.

Ich darf hier eine Anstalt nicht unerwähnt lassen, deren Einführung in der Alten Welt zu den wohltätigen Früchten des Christentums gehört. Es wurden in den vornehmsten Städten Anstalten zur Heilung des kranken und zur beständigen Zufluchtsstätte des untauglich gewordenen Kriegers errichtet, und Wundärzte wurden dabei angestellt, „die insofern den europäischen vorzuziehen waren", sagt ein alter Zeitgeschichtsschreiber, „dass sie die Heilung nicht in die Länge zogen, um die Bezahlung zu vermehren".

So weit der kurze Umriss der bürgerlichen und kriegerischen Verfassung der alten Mexikaner; die erstere besonders ist wegen der Unvollkommenheit der Quellen, aus denen sie geschöpft ist, weniger vollständig, als zu wünschen wäre. Wer Gelegenheit gehabt hat, die frühere Geschichte des neueren

Außenansicht eines großen Tempels

Europa zu erforschen, hat gefunden, wie unsicher und unbefriedigend die Staatskunde ist, die aus der Tätigkeit mönchischer Jahrbuchschreiber gesammelt werden kann. Um wieviel größer ist die Schwierigkeit im gegenwärtigen Falle, wo diese Kunde, anfänglich in der zweifelhaften Bildersprache aufgezeichnet, in einer andern Sprache gedeutet wurde, mit welcher die spanischen Zeitgeschichtsschreiber nur unvollkommen bekannt waren, während sie sich auf Einrichtungen bezog, von denen ihre vorangegangene Erfahrung ihnen nicht gestattete, sich eine angemessene Vorstellung zu machen! Bei so ungewissem Lichte wird eine entschiedene Genauigkeit in den Einzelheiten vergebens erwartet. Alles, was geschehen kann, ist, einen Umriss der hervorstechenderen Züge zu versuchen, um, so weit es möglich, einen richtigen Eindruck auf den Sinn des Lesers zu machen.

Indes ist schon genug gesagt worden, um zu zeigen, dass die aztekischen und tezcucanischen Stämme an Gesittung den wandernden Horden Nordamerikas bei weitem vorausgeeilt waren. Der Grad von allgemeiner Bildung, den sie erreicht hatten, so weit man auf ihn aus ihren staatlichen Einrichtungen schließen darf, mag vielleicht nicht viel geringer anzuschlagen sein als der, welchen unsere sächsischen Vorfahren unter Alfred[1] besaßen. In Bezug auf die Art derselben mögen sie sich wohl besser mit den Ägyptern vergleichen lassen, und die Untersuchung ihrer gesellschaftlichen Verhältnisse und Bildung dürfte noch stärkere Ähnlichkeitspunkte mit jenem alten Volk an die Hand geben.

Wer die neueren Mexikaner genau kennt, wird es schwer begreifen, dass das Volk jemals fällig gewesen sein sollte, die aufgeklärte Staatsverfassung hervorzubringen, welche wir betrachtet haben. Allein sie sollten nicht vergessen, dass sie in den Mexikanern der gegenwärtigen Zeit nur einen überwundenen Stamm sehen, der von seinen Vorfahren ebenso verschieden ist, wie es die

---

1 Alfred der Große, König von England (849—901).

Symbole des Friedens und des Krieges. Bilderhandschrift.

neueren Ägypter von denen sind, die — ich will nicht sagen, die geschmacklosen Pyramiden — aber die Tempel und Paläste erbaut haben, deren prachtvolle Trümmer an den Ufern des Nils, zu Luxor und Karnak zerstreut liegen. Der Unterschied ist nicht so groß wie zwischen dem alten Griechen und seinem entarteten Abkömmling, der sich unter den Meisterstücken der Kunst, die er kaum

DER STAAT DER AZTEKEN

Geschmack genug hat zu bewundern, müßig umhertreibt — und der doch die Sprache jener noch unvergänglicheren Denkmale der Geistesbildung spricht, die zu verstehen er schwerlich befähigt ist. Dennoch atmet er die nämliche Luft, wird von derselben Sonne erwärmt, umgeben von den nämlichen Naturbildern, wie die, welche bei Marathon fielen und die Siegeskränze des olympischen Pisa gewannen. Dasselbe Blut rollt in seinen Adern, das in den ihren rollte. Aber Zeitalter der Gewaltherrschaft sind über ihn hinweggegangen, er gehört zu einem besiegten Geschlechte. Der amerikanische Indianer hat eine eigentümliche Empfindlichkeit in seiner Natur. Er bebt unwillkürlich vor der rauen Berührung einer fremden Hand zurück. Selbst wenn dieser fremde Einfluss in der Form von Gesittung ihm naht, scheint er darunter zu erliegen und hinzuschwinden. So ist es bei den Mexikanern gewesen. Unter der spanischen Herrschaft ist ihre Zahl allmählich zusammengeschmolzen, ihre Willenskraft gebrochen. Sie betreten ihre Hochebenen nicht mehr mit der bewussten Unabhängigkeit ihrer Voreltern. An ihrem wankenden Schritt und demütigen, trübsinnigen Anblick erkennen wir die traurigen Charakterzüge eines unterjochten Geschlechtes. Die Sache der Menschheit hat allerdings gewonnen. Sie leben unter besseren Gesetzen, einer mehr gesicherten Ruhe, einem reineren Glauben. Allein alles dieses hilft nichts. Ihre Gesittung war von der derben Art, die der Wildnis angehört. Die rauen Tugenden des Azteken waren ganz sein eigen. Sie widersetzten sich der europäischen Bildung, wollten auf keinen fremden Stamm sich pfropfen lassen. Seine äußerliche Gestalt, seine Leibesbeschaffenheit, seine Gesichtszüge sind wesentlich dieselben; aber die geistigen Kennzeichen des Volkes, alles, was seine Eigentümlichkeit als ein Geschlecht ausmachte, ist auf immer verwischt.

DIE RELIGION DER AZTEKEN

Die Götterlehre. — Der Kriegsgott Huitzilopotchli. — Quetzalcoatl, der Gott der Luft. — Die Vorstellung vom Himmel und vom Jenseits. — Gebräuche bei Begräbnissen. — Beichte und Sündenvergebung. — Erziehung der Jugend durch die Priester. — Mexikanische Tempel und religiöse Festlichkeiten. — Die Menschenopfer der Azteken. — Los der Gefangenen. — Kannibalismus. — Die Schädelhäuser

Die bürgerliche Verfassung der Azteken ist so eng mit ihrer Religion verschmolzen, dass es ohne Verständnis der letzteren unmöglich ist, sich richtige Begriffe von ihrer Regierung und ihren geselligen Einrichtungen zu bilden. Ich will für jetzt einige merkwürdige Überlieferungen übergehen, die eine auffallende Ähnlichkeit mit denen in der Heiligen Schrift haben, und mich bemühen, einen kurzen Umriss von ihrer Götterlehre und ihren sorgsamen Maßregeln zur Aufrechterhaltung eines volksmäßigen Gottesdienstes zu geben.

Man kann die Götterlehre als das Gedicht der Religion oder vielmehr als die dichterische Entwicklung des religiösen Grundgedankens in einem uranfänglichen Zeitalter betrachten. Sie ist die Bestrebung des sich selbst überlassenen Menschen, die Geheimnisse des Daseins und die geheimen Kräfte zu erklären, durch welche die Verrichtungen der Natur geleitet werden. Obgleich die Götterlehre das Erzeugnis gleichartiger geselliger Verhältnisse ist, so muss ihr Charakter dennoch mit dem der rohen Horden wechseln, worin sie entsteht, und die des rohen Goten, der Met aus den Hirnschädeln seiner erschlagenen Feinde hinunterstürzt, musste eine ganz andere sein, als die des weichlichen Eingeborenen von Hispaniola, der seine Stunden in müßigem Zeitvertreib unter dem Schatten seiner Bananen verträumte.

In einem späteren und verfeinerten Zeiträume finden wir zuweilen diese uranfänglichen Sagen in ein regelmäßiges Ganzes unter den Händen eines Dichters vereinigt und in rohen Umriss in Formen überirdischer Schönheit gegossen, die die Gegenstände der Anbetung in einem leichtgläubigen Zeitalter und das Ergötzen aller nachfolgenden sind. Dazu gehören die schönen Dichtungen Hesiods und Homers, „welche", sagt der Vater der Geschichte, „den Griechen ihre Götterursprungslehre geschaffen haben"; eine Behauptung, die man nicht zu wörtlich nehmen darf, da es kaum möglich ist, dass irgendein Mensch ein religiöses Lehrgebäude für sein Volk schaffen könne. Sie füllten nur die dunklen Umrisse der Überlieferung mit den glänzenden Pinselstrichen ihrer Einbildungskraft aus, bis sie dieselben mit einer Schönheit geschmückt hatten, woran sich die Einbildungskraft anderer entflammte. Die Macht des Dichters lässt sich in ähnlicher Weise noch in einer weit reiferen Zeit der Gesellschaft empfinden. Wenn ich auch nicht von der *„Divina Commedia"* sprechen will, wer fühlt nach dem Lesen des „Verlorenen Paradieses" nicht seine eigenen Begriffe von der Rangordnung der Engel belebt durch jene des begeisterten Künstlers, und Bildern, die vorher dunkel und unbestimmt vor ihm schwammen, gleichsam eine neue und fühlbare Form erteilt?

DIE RELIGION DER AZTEKEN

Auf den letzterwähnten Zeitraum folgt der der Weltweisheit, welche gleicherweise die Sagen des uranfänglichen Zeitalters, wie die dichterischen Ausschmückungen der nachfolgenden verwirft und sich dadurch vor der Beschuldigung von Unglauben zu schützen sucht, dass sie der volkstümlichen Götterlehre eine sinnbildliche Auslegung gibt und so die letztere mit den reinen Darlegungen der Wissenschaft versöhnt.

Die mexikanische Religion war aus den ersten Zeiträumen, die wir betrachtet haben, aufgetaucht, und hatte, obgleich die dichterischen Einflüsse sie wenig berührten, ein eigentümliches Ansehen durch die Priester empfangen, die einen Inbegriff so lästiger Gebräuche eingeführt hatten als jemals bei irgendeinem Volke gefunden worden ist. Sie hatten überdies den Schleier der Sinnbildlichkeit über frühere Überlieferungen geworfen, und ihre Gottheiten mit Eigenschaftszeichen bekleidet, die weit mehr nach den wunderlichen Begriffen der morgenländischen Völker der Alten Welt als nach den leichteren Dichtungen der griechischen Götterlehre schmecken, in der die Züge von Menschlichkeit, wie übertrieben sie auch gewesen, doch niemals ganz aufgegeben waren.

Beim Betrachten des Religionsgebäudes der Azteken fällt sein offenbarer Mangel an Zusammenhang auf, als wenn ein Teil desselben von einem einigermaßen verfeinerten, für edle Eindrücke empfänglichen Volk ausgegangen wäre, während das übrige einen Geist ungezähmter Rohheit atmet. Dies führt natürlich auf den Gedanken von zwei verschiedenen Ursprüngen, und berechtigt uns zu glauben, dass die Azteken von ihren Vorgängern einen milderen Glauben ererbt hatten, auf den nachher ihre eigene Götterlehre gepflanzt wurde. Die letztere wurde bald herrschend und gab den Glaubenssätzen der unterjochten Völker, die die Mexikaner, gleich den alten Römern, willig ihren eigenen einverleibt zu haben scheinen, ihre dunkle Färbung, bis der nämliche düstere Aberglaube sich bis zu den fernsten Grenzen von Anahuac festsetzte.

Die Azteken bekannten sich zum Glauben an das Dasein eines höchsten Schöpfers und Herrn des Weltalls. Sie nannten ihn in ihren Gebeten „den Gott, durch den wir leben", „den Allgegenwärtigen, der alle Gedanken kennt, und von dem alle Gaben kommen", „ohne den der Mensch so viel als Nichts ist", „den unsichtbaren, unkörperlichen, einzigen Gott, von *vollkommener Vollkommenheit* und Reinheit", „unter dessen Fittichen wir Ruhe und sicheren Schutz finden". Diese erhabenen Attribute setzen keinen mangelhaften Begriff vom wahren Gott voraus. Aber der Gedanke der Einheit — der eines Wesens, bei dem Wollen Tat ist, das keiner untergeordneten Diener bedarf, um seine Zwecke auszuführen — war zu einfach oder zu hoch für ihre Verstandeskräfte, und sie suchten, wie gewöhnlich, Hilfe in einer Vielheit von Gottheiten, die die Aufsicht führten über die Elemente, den Wechsel der Jahreszeiten und die verschiedenen Beschäftigungen des Menschen.

Unter diesen gab es dreizehn Hauptgottheiten und über zweihundert untergeordnete, von denen einer jeden ein bestimmter Tag oder eine eigene Festlichkeit gewidmet war.

An der Spitze von allen stand der schreckliche Huitzilopotchli, der mexikanische Mars, obgleich man dem heldenmütigen Kriegsgott des Altertums Unrecht tut, ihn jenem blutdürstigen Ungeheuer gleichzustellen. Dieser war die Schutzgottheit des Volkes. Sein wunderliches Bild war mit kostbaren Zierraten überladen.

Seine Tempel waren die prachtvollsten und erhabensten unter den öffentlichen Gebäuden und seine Altäre rauchten vom Blute der Menschenopfer in jeder Stadt des Reiches. Der Einfluss eines solchen Aberglaubens auf den Charakter des Volkes muss wahrlich ein unheilvoller gewesen sein.

Eine weit merkwürdigere Person in ihrer Götterlehre war Quetzalcoatl, der Gott der Luft, eine Gottheit, die während ihres Verweilens auf Erden die Eingeborenen im Gebrauch der Metalle, im Landbau und in der Regierungskunst unterrichtete. Er war ohne Zweifel einer jener Wohltäter ihres Geschlechts, die die Dankbarkeit der Nachwelt zu Göttern erhoben hat. Unter ihm brachte die Erde Blumen und Früchte ohne die Mühe der Bebauung hervor. Eine Ähre von indianischem Getreide war so viel als ein einzelner Mensch forttragen konnte. Die Baumwolle nahm im Wachsen aus eigenem Antriebe die reichen Färbungen menschlicher Kunst an. Die Luft war von berauschenden Wohlgerüchen und dem süßen Gesänge der Vögel erfüllt. Kurz, es waren die friedlichen Tage, die in den Götterlehrgebäuden so vieler Völker der Alten Welt ihre Stelle haben. Es war das goldene Zeitalter von Anahuac.

Aus irgendeinem nicht näher angegebenen Grunde zog sich Quetzalcoatl den Zorn eines der Hauptgötter zu und ward gezwungen, das Land zu verlassen. Auf seinem Wege machte er in der Stadt Cholula Halt, wo ein Tempel seiner Verehrung gewidmet ward, dessen massenhafte Trümmer noch immer eines der merkwürdigsten Überbleibsel des Altertums in Mexiko sind. An den Küsten des mexikanischen Meerbusens angekommen, nahm er von seinen Begleitern Abschied, versprach, dass er mit seinen Nachkommen später wieder zu ihnen kommen werde, bestieg sein aus Schlangenhäuten gemachtes Zauberschiff und schiffte sich auf dem großen Weltmeere nach dem Fabelland Tlapallan ein. Er soll eine hohe Gestalt, weiße Haut, langes, dunkles Haar und einen herabwallenden Bart gehabt haben. Die Mexikaner harrten Zuversicht lieh der Rückkehr der wohltätigen Gottheit, und diese merkwürdige Sage, die sie tief in ihren Herzen bewahrten, bahnte, wie wir später sehen werden, dem künftigen Erfolge der Spanier den Weg.

Es bleibt uns nicht Raum genug zu ferneren, die mexikanischen Gottheiten betreffenden Einzelheiten; die Unterscheidungszeichen von vielen derselben wurden sorgfältig bestimmt, da nie in regelmäßiger Folge in die *Penaten* oder Hausgötter übergingen, deren kleine Bildnisse in den ärmsten Hüllen zu finden waren.

Die Azteken empfanden die dem Menschen in fast jedem Grade der sittlichen Bildung eigene Neugier, den Schleier zu lüften, der die. geheimnisvolle Vergangenheit und die noch ehrfurchterregendere Zukunft bedeckt. Sie suchten, gleich den Völkern des alten Festlandes, den niederdrückenden Begriff der Ewigkeit sich dadurch zugänglich zu . machen, dass sie. dieselbe in bestimmte Zeitkreise oder Zeiträume jeden von der Dauer einiger tausend Jahre, zerlegten. Es gab vier solcher Zeitkreise, und am Ende eines jeden wurde durch die

DIE RELIGION DER AZTEKEN

Wirkung eines der Elemente die menschliche Familie. von der Erde entrafft und die Sonne am Himmel ausgelöscht, um wieder angezündet zu werden. Sie stellten sich drei abgesonderte Zustände des Daseins im künftigen Leben vor. Die Gottlosen, wozu der größte Teil des Menschengeschlechtes gehörte, mussten ihre Sünden an einem Orte, büßen, wo ewige Finsternis herrschte. Eine andere Klasse, die kein anderes Verdienst hatte, als an gewissen, grillenhaft ausgewählten Krankheiten gestorben zu sein, lebte in einem inhaltsarmen Zustande empfindungsloser Zufriedenheit. Der höchste Platz war, wie bei den meisten kriegsliebenden Völkern, für die Helden aufbewahrt, die in der Schlacht oder als Menschenopfer fielen. Sie traten sogleich vor die Sonne, die sie mit Gesängen und Chortänzen auf ihrer glänzenden Himmelsreise begleiteten, und nach einigen Jahren schieden ihre Geister von dort, um die Wolken und Singvögel von schönem Gefieder zu beleben und mitten unter den reichen Blüten und Gerüchen der Gärten des Paradieses zu schwelgen.

So stellten sich die Azteken den Himmel vor, und diese Vorstellung war geläuterter als die der verfeinerten Heiden, deren Elysium nur ein Widerschein von Kriegsbelustigungen oder von sinnlichen Genüssen des diesseitigen Lebens war. In dem Schicksal, das sie den Gottlosen bestimmen, erkennen wir gleichfalls Spuren von Verfeinerung, da der Mangel aller körperlichen Qualen einen auffallenden Gegensatz bildet zu den durch die Einbildungskraft der meisten aufgeklärten Völker so sinnreich ausgedachten Erfindungen von Leiden.

In allem diesem, was den natürlichen Eingebungen der wilden Azteken so zuwider ist, sehen wir die Beweise von einer höheren Gesittung, die sie von ihren Vorgängern in dem Lande geerbt haben.

Unsere beschränkten Grenzen gestatten uns nur einen flüchtigen Blick auf einen oder zwei ihrer beachtenswertesten religiösen Gebräuche zu werfen. Bei dem Tode eines Menschen wurde seine Leiche mit den seiner Schutzgottheit eigentümlichen Gewändern bekleidet. Sie wurde mit Papierschnitzeln bestreut, welche als Zaubermittel gegen die Gefahren des dunkeln Weges dienten, den er zu bereisen hatte. Eine Menge Sklaven, wenn er reich war, wurden bei seinem Leichenbegängnis geopfert. Sein Körper ward verbrannt und die in einem Gefäße gesammelte Asche in einem Gemache seines Hauses aufbewahrt. Hier haben wir nacheinander die Gebräuche des Römisch-Katholischen, des Muselmannes, des Tataren und des alten Griechen und Römers; ein sonderbares Zusammentreffen, woraus wir sehen können, wie vorsichtig wir sein sollten in der Bildung von Schlüssen, die sich auf Ähnlichkeit gründen.

Ein noch merkwürdigeres übereinstimmen mit christlichen religiösen Gebräuchen findet sich bei dem Namensgeben ihrer Kinder. Lippen und Brust des Kindes wurden mit Wasser besprengt, und „die Gottheit angefleht, dass sie den heiligen Tropfen erlaube, die Sünde fortzuwaschen, die demselben vor Erschaffung der Welt zugekommen war, so dass das Kind von neuem geboren werden möge". Wir werden in mehr als einem ihrer Gebete, worin sie sich regelmäßiger Formeln bedienten, an die christliche Sittenlehre erinnert. „Willst du, Herr, uns auf ewig vertilgen? Ist diese Strafe uns nicht zu unserer Besserung, sondern zu unserer Vernichtung auferlegt?" Und dann wieder: „Erteile uns aus deiner großen Gnade deine Gaben, die wir durch unsere eigenen Verdienste zu empfangen nicht würdig sind." „Halte Frieden mit allen", sagt ein anderes Gebet, „ertrage Schmähungen mit Demut; Gott, der alles sieht, wird dich rächen." Aber die auffallendste Ähnlichkeit mit der Heiligen Schrift findet sich in der merkwürdigen Erklärung, dass „Der, welcher eine Frau zu aufmerksam ansieht, Ehebruch mit seinen Augen begeht". Diese reinen und erhabenen Grundsätze sind allerdings mit anderen von kindischem und selbst rohem Charakter gemischt, welcher jene Verwirrung moralischer Begriffe verrät, die in der Dämmerung der Gesittung natürlich ist. Man würde indes nicht erwartet haben, in einem solchen geselligen Zustand auf Lehren zu treffen, ganz so erhaben, wie nur immer die durch die erleuchteten Gesetzbücher alter Weltweisheit eingeprägten.

Aber obgleich die aztekische Götterlehre nichts von den schönen Erfindungen des Dichters oder von den Verfeinerungen der Weltweisheit in sich aufgenommen hat, so verdankt sie doch vieles, wie ich schon erwähnt habe, den Priestern, welche bestrebt waren, die Einbildungskraft des Volkes durch die höchst äußerlichen und prunkenden Religionsgebräuche zu blenden. Der Einfluss des Priestertums muss bei einem unvollkommenen Zustand der Gesittung am größten sein, wo es alle die spärliche Wissenschaft des Zeitalters ganz für seinen eigenen Stand in Anspruch nimmt. Dies ist ganz besonders der Fall, wenn die Wissenschaft von jener unechten Art ist, die sich weniger mit den wirklichen Naturerscheinungen als mit den grillenhaften Hirngespinsten des menschlichen Aberglaubens beschäftigt. Dahin gehören die Wissenschaften der Sterndeuterei und Wahrsagung, womit die aztekischen Priester ganz vertraut waren, und während sie die Schlüssel der Zukunft in Händen zu haben schienen, flößten sie dem unwissenden Volke ein Gefühl von abergläubischer Furcht ein, das wahrscheinlich stärker war als die in irgendeinem andern Lande — selbst als im alten Ägypten.

Der priesterliche Stand war sehr zahlreich, was aus der Angabe hervorgeht, dass zu dem Haupttempel der Hauptstadt fünftausend Priester, auf eine oder die andere Art, gehörten. Die verschiedenen Rangstufen und Verrichtungen dieser zahlreichen Körperschaft waren mit großer Genauigkeit voneinander getrennt. Die in der Musik am besten Unterrichteten übernahmen die Leitung der Chöre. Andere ordneten die Festtage nach dem Kalender. Einige führten die Aufsicht über die Erziehung der Jugend, und andere waren mit den bildschriftlichen Gemälden und mündlichen Überlieferungen beauftragt, während die traurigen Gebräuche bei den Menschenopfern den Hauptwürdenträgern des Standes vorbehalten waren. An der Spitze des Ganzen standen zwei Hohepriester, durch den König und die vornehmsten Edelleute, wie es scheint, gewählt, ohne Rücksicht auf Geburt, sondern lediglich auf ihre Befähigungen, die sie bei ihrem früheren Benehmen in einem untergeordneten Verhältnisse bewiesen hatten. Sie waren einander der Würde nach gleich und nur dem Landesherrn untergeordnet, der selten ohne ihren Rat in wichtigen Angelegenheiten des öffentlichen Wohls handelte.

DIE RELIGION DER AZTEKEN

Von den Priestern war jeder für den Dienst einer eigenen Gottheit bestimmt und hatte eine ihm innerhalb der geräumigen Umgebungen ihrer Tempel angewiesene Wohnung, wenigstens während sie zum unmittelbaren Dienste darin angestellt waren-, — denn es war ihnen erlaubt, zu heiraten und eigene Familien zu haben. In diesem mönchischen Wohnsitz lebten sie in der ernsten Strenge klösterlicher Zucht. Dreimal des Tages und einmal in der Nacht wurden sie zum Gebet gerufen. Sie waren fleißig in ihren Waschungen und Nachtgebeten, und töteten ihr Fleisch durch Fasten und harte Bußen, — indem sie sich blutig geißelten oder sich mit Aloedornen stachen, kurz, indem sie alle jene Strenge übten, zu welcher die Glaubenswut (um die starke Sprache des Dichters zu entlehnen) in jedem Zeitalter ihre Zuflucht genommen hat,

„Den Himmel hoffend zu erwerben, wenn Sie sich zur Hölle schon die Erde machen."

Die großen Städte waren in Bezirke abgeteilt und der Sorge von einer Art von Kirchspielgeistlichkeit anvertraut, die jede religiöse Handlung innerhalb ihres Umfanges anordnete. Merkwürdig ist es, dass sie die kirchlichen Gebräuche der Beichte und Sündenerlassung anwendeten. Die Geheimnisse des Beichtstuhls wurden unverletzlich bewahrt und Bußen fast von derselben Art, wie in der römisch-katholischen Kirche auferlegt. Es gab zwei merkwürdige Eigenheiten in den aztekischen religiösen Gebräuchen. Die erste war, dass, da die Wiederholung eines schon einmal gebüßten Vergehens für unsühnbar gehalten wurde, ein Mensch nur einmal im Leben beichten konnte, was gewöhnlich bis zu einem vorgerückten Alter verschoben wurde, wo dann der Bußfertige sein Gewissen entlud und die lange Rechnung seiner Missetaten auf einmal abmachte. Eine andere Eigentümlichkeit war, dass die priesterliche Sündenerlassung als gesetzliche Strafe für Vergehen angenommen wurde und zur Freilassung im Falle einer Gefangenschaft berechtigte. Lange nach der Eroberung suchten die einfältigen Eingeborenen, wenn sie dem Gesetze verfallen waren, durch die Vorzeigung ihres Beichtzeugnisses zu entkommen.

Eine der wichtigsten Pflichten des Priesterstandes war die der Erziehung, zu der bestimmte Gebäude innerhalb der Umzäunung des Haupttempels eingerichtet waren. In diese wurde die Jugend beiderlei Geschlechts der höheren und mittleren Stände schon in einem sehr zarten Alter gebracht. Die Mädchen wurden der Sorge von Priesterinnen übergeben; denn es war den Frauen erlaubt, priesterliche Handlungen zu verrichten, mit Ausnahme der Opfer. In diesen Anstalten wurden die Knaben in mönchischer Zucht eingeübt; sie schmückten die Schreine der Götter mit Blumen aus, unterhielten die heiligen Feuer und nahmen an den religiösen Gesängen und Festlichkeiten teil. Die in der höheren Schule — der *Calmecac* genannt — wurden mit der Sagenlehre, den Geheimnissen der Bilderschrift, den Regierungsgrundsätzen und solchen Zweigen der Sternkunde und Naturwissenschaft vertraut gemacht, die innerhalb der Grenzen des Priesterstandes lagen. Die Mädchen lernten verschiedene weibliche Beschäftigungen, besonders reiche Altardecken für die Götter zu weben und zu sticken. Auf die sittliche Zucht beider Geschlechter wurde große Sorgfalt gelegt. Es herrschte der vollkommenste Anstand, und Vergehen wurden mit äußerster Strenge, in einigen Fällen selbst mit dem Tode, bestraft. Furcht, nicht Liebe, war die Triebfeder der Erziehung bei den Azteken.

In einem passenden Alter zum Heiraten oder um in die Welt zu treten wurden die Zöglinge mit vieler Förmlichkeit aus dem Kloster entlassen, und oft die, die sich am besten für verantwortliche Stellungen im öffentlichen Leben eigneten, in solche durch Empfehlungen des Vorstehers eingeführt. So war die listige Verfahrensweise der mexikanischen Priester, die, indem sie sich selbst das Geschäft des Unterrichts vorbehielten, imstande waren, das junge und biegsame Gemüt nach ihrem Willen zu formen und es schon früh an Ehrfurcht vor der Religion und deren Diener zu gewöhnen, eine Ehrfurcht, die noch ihre Macht auf die eiserne Natur des Krieges ausübte, lange nachdem jede Spur der Erziehung durch das raue Gewerbe, dem er sich gewidmet hatte, verwischt war.

Zu jedem der Haupttempel gehörten Ländereien zum Unterhalt der Priester. Diese Güter wurden durch die Staatsklugheit oder Frömmigkeit nacheinander folgender Fürsten vermehrt, bis sie unter dem letzten Montezuma zu einer ungeheuren Ausdehnung angewachsen und über alle Teile des Reiches ausgebreitet waren. Die Priester besorgten die Verwaltung ihres Eigentums selbst, und sie scheinen ihre Dienstleute mit der den mönchischen Körperschaften eigenen Freisinnigkeit und Nachsicht behandelt zu haben. Außer den reichlichen aus dieser Quelle gezogenen Einkünften wurde der geistliche Stand noch bereichert durch die Erstlingsfrüchte und andere Gaben, zu welchen Frömmigkeit oder Aberglaube antrieben. Der Überschuss von dem, was für die Unterhaltung des Volksgottesdienstes erforderlich war, wurde als Almosen unter die Armen verteilt, eine ihnen von ihrem Tugendgesetz streng vorgeschriebene Pflicht. So sehen wir die nämliche Religion auf der einen Seite Lehren reiner Menschenliebe und auf der andern, wie sich bald zeigen wird, die unbarmherziger Ausrottung einprägen.

Die mexikanischen Tempel — *teocallis*, „Gotteshäuser", wie man sie nannte — waren sehr zahlreich. In jeder der bedeutenden Städte gab es mehrere Hunderte, von denen viele gewiss sehr einfache Gebäude waren. Sie bestanden aus festen Erdmassen, mit Ziegel oder Stein bedeckt, und glichen in ihrer Form ein wenig den spitzkegeligen Bauwerken des alten Ägypten. Die Grundlagen von vielen derselben waren über hundert Geviertfuß groß und sie erhoben sich zu einer weit größeren Höhe. Sie waren in vier oder fünf Stockwerke geteilt, von denen jedes höhere kleiner war als das untere. Der Aufgang war über eine Freitreppe an einem der äußeren Winkel der Spitzsäule. Dieselbe führte zu einer Art von breiter Erdstufe am Fuße des zweiten Stockwerks, die rund um das Gebäude herum zu einer andern Freitreppe ging, die an dem nämlichen Winkel wie die vorige und gerade über derselben anfing und wieder zu einer ähnlichen Erdstufe führte, so dass man den ganzen Umkreis des Tempels mehrere Male zu beschreiten hatte, ehe man die Spitze erreichte. In einigen Fällen führte der Treppenweg gerade nach dem Mittelpunkt der westlichen Vorderseite des Gebäudes. Ganz oben befand sich ein breiter, offener Raum, auf welchem sich ein oder zwei vierzig bis fünfzig Fuß hohe Türme erhoben, die heiligen Orte, worin die geweihten Bilder der vornehmsten Gottheiten standen. Vor diesen

DIE RELIGION DER AZTEKEN

Türmen stand der schreckliche Opferstein und zwei hohe Altäre, auf welchen Flammen unterhalten wurden, so unauslöschlich, wie die im Tempel der Vesta.

Es soll auf kleineren Gebäuden innerhalb der Umzäunung des großen Tempels sechshundert solcher Altäre gegeben haben, die, samt denen in den heiligen Gebäuden in anderen Teilen der Stadt, die finsterste Nacht hindurch die Straßen auf das glänzendste erleuchteten.

Wegen der Bauart ihrer Tempel waren alle religiösen Feierlichkeiten öffentlich. Die langen feierlichen Züge von Priestern, welche sich rund um ihre festen Seitenwände hinzogen, wie sie höher und höher gegen den Gipfel aufstiegen, und die traurigen Opfergebräuche, die sie daselbst vollzogen, waren aus den entlegensten Winkeln der Hauptstadt ganz sichtbar, und erfüllten die Zuschauer mit abergläubischer Ehrfurcht vor den Geheimnissen ihrer Religion und vor deren gefürchteten Dienern, durch welche sie ausgelegt wurden.

Dieser Eindruck wurde durch ihre zahlreichen Festtage lebendig erhalten. Jeder Monat war irgendeiner Schutzgottheit geweiht, und jede Woche, ja fast jeder Tag, war in ihrem Kalender für irgendeine angemessene Feier bezeichnet, so dass es schwer zu begreifen ist, wie die gewöhnlichen Geschäfte des Lebens mit den religiösen Verrichtungen vereinbar gewesen sind. Viele ihrer Gebräuche waren von leichter und gefälliger Art, bestehend in volkstümlichen Gesängen und Tänzen, zu welchen sich beide Geschlechter vereinigten. Es wurden feierliche Umzüge von Weibern und Kindern gehalten, die mit Blumenkränzen geschmückt waren und Opfergaben an Früchten, reifem Mais oder süßem Weihrauch, von Kopal und anderen wohlriechenden Harzen trugen, während die Altäre der Gottheit mit keinem anderen Blut als dem der Tiere befleckt wurden. Dies waren die friedlichen Gebräuche, die von ihren toltekischen Vorgängern herstammten, auf welche die rohen Azteken einen Aberglauben impften, der zu ekelhaft ist, um in seiner ganzen Blöße beschrieben zu werden, über den ich gern einen Schleier werfen möchte, wenn der Leser nicht dadurch in Unwissenheit über ihre eigentümlichste Einrichtung bliebe, die den größten Einfluss auf die Bildung ihres Volkscharakters gehabt hat.

Menschenopfer wurden bei den Azteken schon zu Anfang des vierzehnten Jahrhunderts, ungefähr zweihundert Jahre vor der Eroberung, eingeführt. Anfangs waren sie selten, wurden aber mit der Erweiterung ihres Reiches häufiger, bis endlich fast jede Festfeier mit dieser abscheulichen Grausamkeit beschlossen wurde. Diese Religionsgebräuche waren gemeiniglich auf eine solche Weise angeordnet, dass sie ein Abbild von den hervorstechendsten Eigenschaften in dem Charakter oder der Geschichte der Gottheit lieferten, welche der Gegenstand derselben war. Ein einzelnes Beispiel wird genügen.

Eines ihrer wichtigsten Feste war das zu Ehren des Gottes Tezcatlepoca, dessen Rang nur dem des höchsten Wesens untergeordnet war. Er wurde „die Seele der Welt" genannt und für den Schöpfer derselben gehalten. Man bildete ihn als einen schönen Mann, in ewiger Jugendblüte dar. Ein Jahr vor dem beabsichtigten Opfer ward ein durch persönliche Schönheit ausgezeichneter und körperlich fehlerfreier Gefangener ausgewählt, um diese Gottheit vorzustellen. Bestimmte Lehrer übernahmen es, ihn zu unterrichten, wie er seine neue Rolle mit Anstand und Würde zu spielen habe. Es wurden ihm prachtvolle Kleider angelegt, und Weihrauch und eine Menge wohlriechender Blumen dargebracht, welche die alten Mexikaner ebenso liebten wie ihre Nachkommen noch heutigentags. Wenn er ausging, hatte er ein Gefolge von einer Reihe königlicher Edelknaben, und' wenn er in den Straßen Stillstand, um einige Lieblingsgesänge zu spielen, warf sich die Menge zu seinen Füßen und bezeigte ihm, als dem Stellvertreter ihrer guten Gottheit, ihre Ehrfurcht. Auf diese Weise führte er ein angenehmes, schwelgerisches Leben bis einen Monat vor seiner Opferung. Vier schöne Mädchen, die die Namen der Hauptgöttinnen trugen, wurden dann ausgewählt, um die Ehre seines Lagers zu teilen; er lebte mit ihnen in müßiger Tändelei hin und schmauste bei den Festgelagen der vornehmsten Edelleute, die ihm alle Ehre einer Gottheit erwiesen.

Endlich war der verhängnisvolle Opfertag herangekommen. Die Zeit seiner kurzlebigen Herrlichkeit war zu Ende. Es wurden ihm die festlichen Gewänder abgenommen, und er nahm Abschied von den schönen Gefährtinnen seiner Lustbarkeiten. Einer der königlichen Nachen setzte ihn über den See nach einem an dessen Ufer emporsteigenden Tempel, ungefähr eine Legua weit von der Stadt. Dorthin strömten die Einwohner der Hauptstadt, um Zeuge von der Vollendung der Feierlichkeit zu sein. Sobald der traurige Zug sich an den Seiten der Spitzsäule hinaufwand, warf das unglückliche Schlachtopfer seine fröhlichen Blumenkränze von sich und zerbrach die Tonwerkzeuge in Stücke, mit denen er sich in den Stunden seiner Gefangenschaft getröstet hatte. Auf dem Gipfel wurde er von sechs Priestern empfangen, deren langes und geflochtenes Haar unordentlich über ihre schwarzen, mit Bilderschriftrollen geheimnisvollen Inhalts bedeckten Gewänder herabhing. Sie führten ihn zu dem Opfersteine, einem ungeheuren Jaspisblock, dessen obere Fläche ein wenig ausgehöhlt war. Auf diesen ward der Gefangene hingestreckt. Fünf Priester hielten ihm Kopf und Glieder, während der sechste, mit einem sein blutiges Amt andeutenden Scharlachmantel bekleidet, die Brust des unglücklichen Schlachtopfers mit einem scharfen Bartmesser von *itztli* — einem lavaartigen Stoffe, so hart wie Feuerstein — geschickt öffnete und mit der Hand das klopfende Herz aus der Wunde herausriss. Nachdem der Diener des Todes es zuerst gegen die Sonne, ein Gegenstand der Anbetung in ganz Anahuac, emporgehalten, warf er es zu den Füßen der Gottheit hin, welcher der Tempel geweiht war, während die untenstehende Menge in demütiger Anbetung auf die Knie sank. Die traurige Geschichte dieses Gefangenen wurde von den Priestern als das Abbild des menschlichen Geschickes gedeutet, das zu Anfang glänzend, nur zu oft mit Trübsal und Unglück endigt.

Dies war die Form, die bei den Menschenopfern gewöhnlich von den Azteken beobachtet wurde. Sie war dieselbe, die den entrüsteten Blick der Europäer, auf ihrem Zuge durch das Land, oft traf, und von deren grauenvoller Anwendung sie selbst nicht ausgenommen waren. Es gab allerdings noch einige Gelegenheiten, wo vorläufige Folterungen von der ausgesuchtesten Art — mit denen der Leser nicht unnötig verletzt werden soll — angewendet wurden, aber sie endigten stets mit der blutigen, oben beschriebenen Feierlichkeit. Es

Gottheit mit Feuergarbe in der Hand, am Rand symbolische Bilder. Bilderhandschrift, Rom, Vatikan.

muss jedoch bemerkt werden, dass solche Folterungen nicht infolge willkürlicher Grausamkeit, wie bei den nordamerikanischen Indianern, stattfanden, sondern, dass alle von dem aztekischen Religionsgesetz streng vorgeschrieben waren und ohne. Zweifel oft mit den zerknirschten Heimsuchungen ausgeführt wurden, die ein frommer Diener des heiligen Amtes zu Zeiten bei der Vollziehung der strengen Beschlüsse desselben empfinden mag.

Auch Fronen wurden, gleich dem männlichen Geschlecht, zuweilen zu Opfern gewählt. Bei einigen Gelegenheiten, besonders in trockenen Jahreszeiten, wurden bei dem Feste des unersättlichen Tlaloc, dem Regengott, Kinder, meistenteils kleine, zum Opfer gebracht. Wenn sie auf offenen Sänften, in ihre Festgewänder gekleidet und mit frischen Frühlingsblüten bedeckt, vorüber getragen wurden, rührten nie die härtesten Herzen zum Mitleid, obgleich ihr Geschrei von den wilden Gesängen der Priester übertönt wurde, die in ihren Tränen eine günstige Vorbedeutung für den Erfolg ihrer Bitte lasen. Diese unschuldigen Schlachtopfer wurden gewöhnlich durch die Priester von armen Eltern gekauft, die aber die Stimme der Natur wahrscheinlich weniger aus Armut als aus elendem Aberglauben erstickten.

Der ekelhafteste Teil der Geschichte, die Art, auf welche über den Leichnam des geopferten Gefangenen verfügt wurde, bleibt noch zu berichten. Er wurde dem Krieger, der ihn in der Schlacht gefangengenommen, ausgeliefert und von diesem, nachdem er ihn zubereitet, seinen Freunden bei einem Schmaus vorgesetzt. Dies war nicht das rohe Mahl verhungerter Menschenfresser, sondern eine Schmauserei, bei der köstliche Getränke und leckere, künstlich bereitete Fleischspeisen aufgetischt wurden, und beide Geschlechter anwesend waren, die, wie wir später sehen werden, sich mit allem Anstand des gebildeten Lebens betrugen. Niemals sind gewiss Feinheit und äußerste Rohheit in so nahe Berührung miteinander gebracht worden.

Es haben Menschenopfer bei vielen Völkern, die höchst gebildeten des Altertums nicht ausgenommen, stattgefunden, doch bei keinem jemals in einer Ausdehnung, die mit der in Anahuac zu vergleichen wäre. Die Zahl der auf seinen fluchwürdigen Altären geschlachteten Opfer würde den Glauben der Leichtgläubigsten wanken machen. Kaum ein Schriftsteller schätzt die Anzahl der jährlichen Opfer im ganzen Reich auf weniger als zwanzigtausend, und einige lassen sie bis auf fünfzigtausend steigen.

Bei großen Gelegenheiten, wie der Krönung eines Königs oder der Einweihung eines Tempels, wird die Zahl noch entsetzlicher. Bei der Einweihung des großen Tempels Huitzilopotchlis, im Jahre 1486, wurden die einige Jahre hindurch zu diesem Zwecke aufbewahrten Gefangenen aus allen Gegenden nach der Hauptstadt geschleppt. Sie wurden in Reihen aufgestellt, woraus sich ein beinahe zwei Meilen langer Zug bildete. Die Feierlichkeit währte mehrere Tage, und es sollen siebzigtausend Gefangene am Altar dieser Gottheit umgekommen sein! Aber wer kann glauben, dass eine so zahlreiche Menge sich sollte ohne Widerstand wie Schafe zur Schlachtbank haben führen lassen? Oder was könnte man mit ihren Überresten, die sich auf die gewöhnliche Weise nicht vertilgen ließen, angefangen haben, ohne eine Seuche in der Hauptstadt zu erzeugen? Doch ist das Ereignis jüngeren Datums und wird von den bestunterrichteten Geschichtschreibern auf die unzweideutigste Weise bestätigt.

Eine Tatsache kann als zuverlässig betrachtet werden. Es war gebräuchlich, die Schädel der Geopferten in dazu geeigneten Gebäuden aufzubewahren. Die Gefährten von Cortez zählten 136.000 in einem dieser Gebäude. Ohne daher eine genaue Berechnung zu versuchen, kann man sicher schließen, dass Tausende jährlich an den blutigen Altären der mexikanischen Gottheiten in den verschiedenen Städten von Anahuac geopfert wurden.

In der Tat, der große Zweck des Krieges bei den Azteken war ebenso sehr das Zusammenbringen von Menschen zu ihren Opfern als die Ausdehnung ihres Reiches. Daher geschah es, dass man einen Feind niemals in der Schlacht tötete, wenn eine Möglichkeit vorhanden war, ihn lebend zu fangen.

DIE RELIGION DER AZTEKEN

Diesem Umstand verdankten die Spanier zu verschiedenen Malen ihre Erhaltung. Als Montezuma gefragt ward, „warum er zugegeben, dass der Freistaat Tlascala seine Unabhängigkeit an seinen Grenzen behauptet habe", antwortete er: „Damit er ihm Schlachtopfer für seine Götter liefere!" Wenn die Zufuhr zu mangeln anfing, brüllten die Priester und Mönche der Neuen Welt laut nach mehr und bedrängten ihren abergläubischen Herrscher durch Verkündigung des himmlischen Zorns. Gleich den kriegerischen Geistlichen der Christenheit im Mittelalter, mischten sie sich in die Reihen, und wurden in dem dichtesten Schlachtgewühl an ihrem grässlichen Aussehen und ihren rasenden Gebärden erkannt. Seltsam, dass in jedem Lande die teuflischen Leidenschaften des menschlichen Herzens die gewesen sind, die im Namen der Religion entflammt wurden.

Der Einfluss dieser Gebräuche auf den Charakter der Azteken war so betrübend, wie zu erwarten stand. Vertrautheit mit den blutigen Opfergebräuchen verhärtete das Herz gegen menschliches Gefühl und erzeugte eine Mordlust, wie die bei den Römern durch die Darstellungen des Zirkus. Die beständige Wiederkehr von gottesdienstlichen Feierlichkeiten, woran das Volk teilnahm, knüpfte die Religion an ihre innigsten Beziehungen und verbreitete die Finsternis des Aberglaubens über den häuslichen Herd, bis der Charakter des Volkes einen ernsten und selbst traurigen Anstrich erhielt, der ihren Abkömmlingen bis auf den heutigen Tag geblieben ist. Der Einfluss des Priesterstandes wurde natürlich unbegrenzt. Der Herrscher hielt sich für geehrt durch die Erlaubnis, bei dem Tempeldienst behilflich zu sein. Weit entfernt, die Befugnis der Priester auf geistliche Gegenstände zu beschränken, unterwarf er oft seine Meinung der ihrigen, wo sie am wenigsten geeignet waren, sie abzugeben. Ihr Widerstand war es, der die, endliche Übergabe zu Bedingungen verhinderte, wodurch die Hauptstadt würde gerettet worden sein. Das ganze Volk, vom Bauern bis zum Fürsten, beugte seinen Nacken unter die schlechteste Art von Herrscherdruck — den der blinden Glaubenswut.

Wenn man über die empörenden Gebräuche nachdenkt, deren auf den vorhergehenden Seiten Erwähnung geschieht, findet man es schwer, ihr Bestehen mit irgendeiner Art von regelmäßiger Regierungsform oder von Fortschritt in der Gesittung zu vereinbaren. Und doch hatten die Mexikaner so manchen Anspruch auf den Charakter eines gesitteten Volkes. Man wird die Regelwidrigkeit vielleicht besser verstehen, wenn man den Zustand einiger der gebildetsten Länder Europas im 16. Jahrhundert, nach der Einrichtung des neueren Ketzergerichts, bedenkt; einer Einrichtung, die jedes Jahr ihre Tausende durch einen qualvolleren Tod als die aztekischen Opfer vernichtete, die die Hand des Bruders gegen den Bruder bewaffnete, und, indem sie ihr brennendes Siegel auf die Lippe legte, mehr tat, den Gang des Fortschritts zu hemmen als irgend ein anderer jemals von menschlicher Schlauheit ersonnener Plan.

In Menschenopferung, so grausam sie auch ist, liegt nichts Erniedrigendes für das Schlachtopfer. Man könnte vielmehr sagen, dass man dasselbe dadurch adle, dass man es den Göttern weihte. Obgleich sie bei den Azteken so fürchterlich war, wurde sie doch zuweilen freiwillig von ihnen gewählt, als der ruhmwürdigste Tod und als einer, der sicher ins Paradies führte. Das Ketzergericht andererseits brandmarkte seine Opfer mit Schande in dieser Welt und bestimmte sie zu ewigem Verderben in jener.

Ein abscheulicher Zug des aztekischen Aberglaubens stellte ihn indes weit tiefer als den christlichen. Dies war das Menschenfressen; obgleich die Mexikaner eigentlich keine Menschenfresser im gröbsten Sinne des Wortes waren. Sie nährten sich nicht von Menschenfleisch, bloß um einen tierischen Appetit zu befriedigen, sondern aus Gehorsam gegen ihre Religion. Ihre Mahle waren aus Schlachtopfern bereitet, deren Blut am Opferaltar vergossen worden war. Dies ist ein bemerkenswerter Unterschied. Dennoch kann das Menschenfressen, unter welcher Form und nach welcher Verordnung es auch geschieht, nur einen unseligen Einfluss auf das Volk haben, das sich demselben ergibt. Es erzeugt so ekelhafte, den Menschen und seine geistige und unsterbliche Natur so herabwürdigende Begriffe, dass ein Volk, das es ausübt, unmöglich irgendeinen großen Fortschritt in sittlich guter und geistiger Bildung machen kann. Die Mexikaner bilden keine Ausnahme zu dieser Bemerkung. Die Bildung, die sie besaßen, stammte von den Tolteken her, einem Stamme, der nie seine Altäre und noch viel weniger seine Gastmähler mit Menschenblut befleckte. Alles, was in Mexiko den Namen Wissenschaft verdient, kam aus dieser Quelle, und die ihnen zugeschriebenen, noch in verschiedenen Teilen Neuspaniens vorhandenen, zerbröckelnden Überreste von Gebäuden, zeigen in ihrer Bauart eine entschiedene Überlegenheit über die der späteren Stämme Anahuacs. Wahr ist es, dass die Mexikaner große Fortschritte in manchen geselligen Künsten und Handfertigkeiten, in jener sachlichen Bildung — wenn ich sie so nennen darf, — machten, dem natürlichen Erzeugnis zunehmenden Wohlstandes, die dazu dient, den Sinnen zu schmeicheln. In rein geistigem Fortschritt waren sie hinter den Tezucanern zurück, deren weise Herrscher die abscheulichen Religions -gebräuche ihrer Nachbarn nur mit Widerwillen annahmen und sie in einem weit mäßigeren Grade ausübten. Bei diesem Stande der Dinge war es eine wohltätige Anordnung der Vorsehung, das Land einem andern Geschlechte zu überliefern, das es von dem rohen Aberglauben, der mit der Ausdehnung des Reiches täglich weiter um sich griff, befreien sollte. Die erniedrigenden Einrichtungen der Azteken liefern die beste Entschuldigung für ihre Unterjochung. Allerdings haben die Eroberer das Ketzergericht in ihrem Gefolge gehabt, aber sie brachten auch das Christentum mit, dessen wohltätiger Glanz noch fortdauern sollte, wenn die wilden Flammen der Glaubenswut gelöscht sein würden, und das jene finsteren Schreckensformen verscheuchte, die so lange schwer auf den schönen Gefilden Anahuacs gelastet hatten.

DIE WISSENSCHAFT BEI DEN AZTEKEN

Die Bilderschrift der Azteken. — Die Schriftbilder. — Meisterschaft der Azteken in der Ausführung von Schriftwerken. — Zerstörung der Handschriften durch den Erzbischof von Mexiko. — Die erhaltenen Handschriften. — Von der Dichtkunst. — Die Zeitrechnung der Azteken. — Der Kalender der Priester. — Sterndeuterkunst. — Der Karneval der Azteken

Wir fühlen uns erleichtert, da wir uns nun von den düsteren Blättern des vorigen Hauptstücks zu einer glänzenderen Seite des Bildes wenden und dasselbe Volk in seinem edlen Kampfe, sich aus einem Zustande wilder Rohheit zu einem wirklichen Grade auf der Stufenleiter der Bildung zu erheben, ins Auge fassen. Es ist nicht weniger beachtenswert, dass diese Anstrengungen auf einem ganz neuen Schauplatz der Tätigkeit gemacht wurden, getrennt von den in der Alten Welt wirkenden Einflüssen; denn deren Bewohner sind zu einer großen Völkerbrüderschaft durch geistige Beziehungen verbunden, die den schwächsten irgendwo aufblitzenden Funken des Wissens weiter und weiter ausdehnt, bis er auch über die entlegensten Gegenden ein wohltätiges Licht verbreitet hat. Es ist merkwürdig, den menschlichen Geist in dieser neuen Lage zu beobachten, wie er sich den nämlichen Gesetzen unterwirft, wie auf dem alten Festlande, und eine ähnliche Richtung in seinen ersten Forschungen nach Wahrheit nimmt — eine so ähnliche in der Tat, dass, wenn auch dabei der Gedanke an Nachahmung vielleicht keine Rechtfertigung findet, wenigstens der eines gemeinschaftlichen Ursprungs sich aufdrängt.

Auf der östlichen Halbkugel finden wir einige Völker, wie z. B. die Griechen, schon früh so leidenschaftlich für das Schöne ergriffen, dass sie es selbst in den ernsteren wissenschaftlichen Werken nicht entbehren wollen, und wieder andere Völker, die sich ein strengeres Ziel stellten, dem selbst Einbildungskraft und zierliche Kunst dienstbar gemacht wurden. Die Erzeugnisse eines solchen Volkes müssen nicht nach gewöhnlichen Regeln des Geschmacks beurteilt werden, sondern nach ihrer Anwendbarkeit zu dem besonderen Zwecke, zu dem sie bestimmt waren. Solche waren die Ägypter in der Alten und die Mexikaner in der Neuen Welt. Wir haben schon Gelegenheit gehabt, auf die Ähnlichkeit zwischen dem letzteren Volke und dem ersteren in ihrer religiösen Verfassung aufmerksam zu machen. Sie wird uns noch mehr auffallen in ihrer wissenschaftlichen Bildung, besonders in ihrer Bilderschrift und ihrer Sternkunde.

Handlungen und Ereignisse durch gezeichnete sichtbare Gegenstände zu beschreiben, scheint eine natürliche Eingebung zu sein, und wird auf eine gewisse Weise von den rohesten Wilden in Anwendung gebracht. Der nordamerikanische Indianer schneidet einen Pfeil in die Rinde von Bäumen ein, um denen, die ihm folgen, die Richtung seines Weges zu bezeichnen, und einige andere Zeichen, um den Erfolg seiner Unternehmungen anzudeuten. Aber eine Reihenfolge dieser Handlungen verständlich zu malen — was Warburton treffend „*Malerei-Schrift*" benannt hat, — erfordert eine Verknüpfung von Begriffen, die sich zu einer unbedingt geistigen Anstrengung erhebt. Und noch weiter, wenn der Gegenstand des Malers, statt sich auf die Gegenwart zu beschränken, die Vergangenheit durchdringt und aus ihrer dunklen Abgeschiedenheit Lehren für kommende Geschlechter sammelt, dann sehen wir eine wissenschaftliche Bildung dämmern und erkennen schon eine entschiedene Gesittung in dem Versuche selbst, wie unvollkommen er auch ausgefallen sein mag. Die genaue Nachahmung von Gegenständen reicht nicht für diesen zusammengesetzteren und ausgedehnteren Plan aus. Diese würde bei der Ausführung zu viel Raum und Zeit einnehmen. Es wird dann nötig, die Bilder abzukürzen, die Zeichnungen auf Umrisse zu beschränken, oder auf solche hervorstechende Teile der gezeichneten Körper, die sogleich das Ganze in die Vorstellung bringen. Dies ist das *darstellende* oder *bildliche* Schreiben, das die niedrigste Stufe der Schriftbilder ausmacht.

Aber es gibt Dinge, die kein Urbild in der körperlichen Welt haben; abstrakte Begriffe, die nur durch solche sichtbare Gegenstände dargestellt werden können, bei denen man irgendeine dem betreffenden Begriff ähnliche Eigenschaft voraussetzt. Hieraus entsteht sinnbildliche Schrift, für den Ausleger die schwierigste von allen, da die Ähnlichkeit zwischen den körperlichen und unkörperlichen Gegenständen oft rein willkürlich festgesetzt ist oder eine örtliche Beziehung hat. Wer, zum Beispiel, vermöchte sich den Zusammenhang zu erklären, wonach bei den Ägyptern ein Käfer das Weltall oder bei den Azteken eine Schlange die Zeit darstellt?

Die dritte und letzte Abteilung ist die *tönende,* in der Zeichen, um Leute darzustellen, gemacht werden, entweder ganze Worte oder Teile derselben. Hierdurch nähern sich die bilderschriftlichen Reihen am nächsten jener herrlichen Erfindung, der Buchstabenreihe, durch die die Sprache in ihre Grundlaute aufgelöst ist und die Hilfsmittel bietet, leicht und genau die zartesten Abschattungen des Gedankens auszudrücken.

Die Ägypter waren in allen drei Arten von Bilderschrift sehr geschickt. Doch obgleich ihre öffentlichen Denkmäler die erste Klasse zeigen, so ist es jetzt doch ausgemacht, dass sie in ihrem gewöhnlichen Verkehr und ihren geschriebenen Urkunden fast durchgehend sich der tönenden Zeichen bedienten. Sonderbar ist es, dass, nachdem sie so die dünne Scheidewand beseitigt, die sie von der Buchstabenreihe trennte, ihre spätesten Denkmäler derselben nicht näher gerückt sind als die frühesten.

Auch die Azteken waren mit den verschiedensten Arten von Bilderschrift bekannt. Aber sie bedienten sich unendlich mehr der bildlich darstellenden als der anderen. Die Ägypter standen auf der Stufenleiter oben, die Azteken ganz unten.

Wenn man den Blick auf eine mexikanische Handschrift oder Karte, wie man sie nennt, wirft, so erschrickt man vor den wunderlichen Zerrbildern, die sie von der menschlichen Gestalt zeigt; missgestaltete, übergroße Köpfe auf winzigen und ungeheuerlichen Körpern, die an sich schon hart und eckig in ihren Umrissen und ohne das mindeste Geschick in der Erfindung sind. Bei genauerer Betrachtung ist es indes augenscheinlich, dass dies nicht sowohl ein roher Versuch ist, die Natur nachzubilden, als ein übereinkömmliches Sinnbild, um den Begriff auf die klarste und kräftigste Weise auszudrücken; auf dieselbe Weise, wie die Steine von gleichem Wert auf einem Schachbrett, während sie miteinander in der Form übereinstimmen, gewöhnlich den Gegenständen, die sie vorstellen, nur wenig gleichen. Die Teile der Gestalt, die die wichtigsten sind, finden sich am deutlichsten gezeichnet. So bietet auch die Färbung, statt der zarten, natürlichen Abstufung, nur in die Augen fallende, starke Gegensätze, solche, die den lebhaftesten Eindruck zu machen vermögen. „Denn selbst die Farben", wie Gama bemerkt, „sprechen in den aztekischen Schriftbildern."

Aber in der Ausführung von all diesem standen die Mexikaner weit unter den Ägyptern. Die Zeichnungen der letzteren sind außerordentlich mangelhaft, wenn man sie nach den Regeln der Kunst beurteilt; denn sie waren in der Perspektive ebenso unwissend wie die Chinesen und stellten nur den Kopf in der Seitenansicht, das Auge im Mittelpunkte und gänzlich ohne Ausdruck dar. Aber sie wussten den Pinsel mit mehr Anmut zu führen als die Azteken, waren den natürlichen Formen der Gegenstände treuer und vor allem zeigten sie sich in der Abkürzung der Urform überlegen, indem sie nur den Umriss oder irgend einen bezeichnenden wesentlichen Zug gaben. Dies vereinfachte das Verfahren und erleichterte die Mitteilung des Gedankens. Eine ägyptische Schrift hat in ihren regelmäßigen Linien von kleinen Gestalten fast das Ansehen einer Buchstabenschrift. Eine mexikanische sieht gewöhnlich wie eine Sammlung von Gemälden aus, deren jedes ein besonderes Musterstück bildet. Dies ist vorzüglich bei den Zeichnungen ans der Götterlehre der Fall, worin der Inhalt durch eine Anhäufung von Sinnbildern erzählt wird, die mehr an die den Tempeln der Ägypter eingehauenen geheimnisvollen Bildwerke als an ihre, geschriebenen Urkunden erinnern dürften.

Die Azteken hatten verschiedene Sinnbilder, um solche Dinge auszudrücken, die ihrer Natur nach nicht geradezu durch den Maler dargestellt werden konnten, als z. B. die Jahre, Monate, Tage, die Jahreszeiten, die Urstoffe, den Himmel u. dgl. Eine „Zunge" bedeutete Sprechen; eine „Fußstapfe" Reisen; „ein Mensch, der an der Erde sitzt" ein Erdbeben. Diese Sinnbilder waren oft sehr willkürlich und wechselten mit der Laune des Schreibenden, und das Auslegen derselben erfordert eine genaue Unterscheidung, da eine leichte Änderung in Form oder Stellung des Zeichens einen sehr verschiedenen Sinn andeutet. Ein scharfsinniger Schriftsteller versichert, dass die Priester geheime sinnbildliche Zeichen für die Aufzeichnung ihrer religiösen Geheimnisse erfunden haben. Es ist möglich, aber die Untersuchungen Champollions führen zu dem Schluss, dass eine ähnliche Meinung, die man ehemals hinsichtlich der ägyptischen Schriftbilder hatte, unbegründet ist.

Endlich bedienten sie sich, wie oben angeführt, der Lautzeichen, obgleich sich diese hauptsächlich auf Namen von Personen und Städten beschränkten, die, da sie von irgendeinem Umstand oder einer charakteristischen Eigenschaft hergeleitet waren, für die Bilderschrift sich eigneten. So war die Stadt Cimatlan zusammengesetzt aus *cimatl,* einer „Wurzel", die nahe dabei wuchs, und *tlan,* das nahe bedeutet; Tlaxcallan heißt „die Brotstadt", wegen ihrer reichen Kornfelder; Huexotzinco, „eine mit Weiden umgebene Stadt". Die Namen von Personen bezeichneten oft ihre Abenteuer und Taten. Der des großen tezcucanischen Fürsten Nezahualcoyotl bedeutete „hungriger Fuchs", um seine Schlauheit und seine Trübsal in seinem früheren Leben zu bezeichnen. Die Sinnbilder solcher Namen wurden kaum von einem Mexikaner erblickt, als er sogleich daran die Person und die Stadt, die gemeint war, erkannte, und wenn sie auf ihren Schilden gemalt oder auf ihren Fahnen gestickt waren, wurden sie zum Wappenbild, woran Stadt und Häuptling kenntlich waren, wie in Europa im Ritterzeitalter.

Doch obgleich die Azteken in allen Arten von bilderschriftlicher Malerei unterrichtet waren, so bedienten sie sich doch hauptsächlich des plumpen Verfahrens unmittelbarer Darstellung. Hätte ihr Reich, wie das ägyptische, mehrere tausend Jahre statt des kurzen Zeitraumes von zweihundert gewährt, so würden sie ohne Zweifel, gleich jenen, zu dem häufigem Gebrauch der Lautzeichenschrift vorgeschritten sein. Aber ehe sie noch mit den Leistungsfähigkeiten ihrer eigentümlichen Schreibart vertraut gemacht werden konnten, verschaffte die Eroberung, durch Einführung der europäischen Buchstaben, ihren Gelehrten eine vollkommenere Kunst, ihre Gedanken auszudrücken, die bald den alten Bilderbuchstaben verdrängte. Indes so plump die aztekische Bilderschrift auch war, so scheint sie doch die Bedürfnisse des Volkes in seinem unvollkommenen Bildungszustand befriedigt zu haben. Vermittelst derselben wurden alle ihre Gesetze und selbst ihre Anordnungen für häusliche Bedürfnisse niedergeschrieben; ihre Beitragsrollen, die die Abgaben der verschiedenen Städte aufzählten; ihre Götterlehre, Kalender und gottesdienstlichen Gebräuche; ihre staatlichen Jahrbücher, die bis zu einer Zeit lange vor Gründung der Stadt reichen. Sie arbeiteten eine vollständige Zeitrechnungslehre aus und konnten genau den Zeitpunkt jedes wichtigen Ereignisses ihrer Geschichte angeben, indem an der Seite des Blattes, worauf die einzelnen Umstände geschildert waren, das Jahr aufgezeichnet war. Es ist wahr, dass Geschichte auf diese Weise behandelt, unsicher und bruchstückartig ausfallen musste. Es konnten nur wenige leitende Hauptbegebenheiten dargestellt werden. Doch hierin unterschied sie sich nicht sehr von den mönchischen Zeitgeschichten der finsteren Zeitalter, die oft über Jahre in wenigen kurzen Aussprüchen verfügen; — hinreichend lang für die Jahrbücher roher Völker.

Um die Bilderschrift der Azteken richtig zu schätzen, muss man sie in Verbindung mit mündlicher Überlieferung betrachten, der sie als Hilfsmittel diente. In den Anstalten der Priester wurde die Jugend in Sternkunde, Götterlehre, Geschichte usw. unterrichtet, und denen, die das Geschäft schriftbildlicher Malerei treiben wollten, wurde die Anwendung der Zeichen gelehrt, die zu jedem dieser Zweige gehörte. In einem Geschichtswerke hatte einer die Zeitrechnung, ein anderer die Ereignisse zu besorgen. So war jedes einzelne der Arbeit handwerksmäßig verteilt. Nachdem die Zöglinge in allem unterrichtet waren, was in ihren früheren verschiedenen Abteilungen zu lernen war, wurden sie vorbereitet, die Grenzen ihres unvollkommenen Wissens weiter auszudehnen. Die Schriftbilder dienten als eine Art von Abkürzungsschrift zu einer Sammlung von Anmerkungen, die dem Eingeweihten viel mehr gewährte, als daraus durch

46

eine wörtliche Erklärung entnommen werden konnte. Diese Verbindung des Geschriebenen mit dem mündlichen Vortrage fasste das in sich, was die Wissenschaftskunde der Azteken genannt werden kann.

Ihre Handschriften bestanden aus verschiedenen Stoffen, aus baumwollenen Tuchen oder sauber zubereiteten Häuten, aus einer Zusammensetzung von Seide und Harz, aber meistenteils aus einem Gewebe von Blättern der Aloe, *agave Americana,* die die Eingeborenen *maguey* nennen, und die in den Tafelländern Mexikos üppig wächst. Es wurde daraus eine Art von Papier gemacht, das einigermaßen dem ägyptischen Papyrus glich, das, wenn es sorgfältig zugerichtet und geglättet war, weicher und schöner als Pergament gewesen sein soll. Einige davon noch vorhandene Proben zeigen noch ihre ursprüngliche Frische und die Gemälde darauf ihren Farbenglanz. Sie wurden zuweilen in Rollen aufgewickelt, aber häufiger in Bände von mäßiger Größe, worin das Papier, gleich einem zusammengelegten Schirm, mit einem hölzernen Flügel oder Täfelchen an jedem Ende, verschlossen, was dem Ganzen, wenn es zugemacht war, das Ansehen eines Buches gab. Die Länge der Streifen ward nach Bedürfnis eingerichtet. Da man die Seiten jede besonders lesen und darauf Bezug nehmen konnte, hatte diese Form augenscheinliche Vorzüge vor den Rollen der Alten.

Zur Zeit der Ankunft der Spanier war eine große Anzahl dieser Handschriften im Lande aufgesammelt. Eine Menge von Leuten waren zum Malen angestellt, und die Gewandtheit ihres Verfahrens erregte das Erstaunen der Eroberer. Unglücklicherweise war dasselbe mit anderen und unwürdigen Gefühlen gemischt. Die darauf geschriebenen fremden, unbekannten Zeichen erzeugten Misstrauen. Man betrachtete sie als Zauberformeln und beurteilte sie aus demselben Gesichtspunkte mit den Götzenbildern und Tempeln, als Sinnbilder eines verderblichen Aberglaubens, der ausgerottet werden müsse. Der erste Erzbischof von Mexiko, Don Juan de Zumarraga, — ein Name, der so unsterblich sein sollte, wie der Omars —, sammelte diese Gemälde aus allen Gegenden, besonders aus Tezcuco, der gebildetsten Hauptstadt Anahuacs und dem Aufbewahrungsorte der Volksurkunden. Hierauf ließ er sie zu einem „Berghaufen", wie es die spanischen Schriftsteller selbst nennen, auf dem Marktplatz von Tlatelolco auftürmen und verwandelte sie alle in Asche! Sein größerer Landsmann, Erzbischof Ximenes, hatte ein ähnliches *Autodafé* von arabischen Handschriften in Granada, einige zwanzig Jahre vorher, gefeiert. Niemals hat Glaubenswut sich zweier größerer Siege zu rühmen gehabt, als durch die Vernichtung so vieler merkwürdiger Denkmäler menschlicher Erfindungskraft und Gelehrsamkeit! Die unwissenden Soldaten säumten nicht, dem Beispiele ihres hohen Geistlichen zu folgen. Jede Karte und jeder Band, die ihnen in die Hände gerieten, wurde mutwillig zerstört, so dass, als die Gelehrten eines späteren und aufgeklärteren Zeitalters sich ängstlich bemühten, etwas von diesen Denkwürdigkeiten wieder zu erlangen, fast alle untergegangen waren, während die wenigen übriggebliebenen von den Eingeborenen eifersüchtig verborgen wurden. Indes vermittelst der unermüdlichen Arbeiten eines einzelnen Mannes wurde endlich eine beträchtliche Sammlung in den Urkundenbehältern von Mexiko niedergelegt; daselbst waren sie aber so schlecht verwahrt, dass einige daraus entwendet, andere von Mehltau und Feuchtigkeit zerstückelt und noch andere als Packpapier verbraucht wurden! Wir blicken mit Entrüstung auf die von den Eroberern verübten Grausamkeiten. Aber in die Entrüstung mischt eich Verachtung, wenn wir sehen, wie sie auf diese Weise den Funken des Wissens, dies gemeinschaftliche Gut und Eigentum des ganzen Menschengeschlechtes, unbarmherzig ersticken. Wir dürfen mit Recht ungewiss darüber sein, wer mehr Ansprüche auf Bildung zu machen hat, der Sieger oder der Besiegte.

Einige wenige von den mexikanischen Handschriften haben von Zeit zu Zeit ihren Weg nach Europa gefunden und werden in den öffentlichen Büchersammlungen seiner Hauptstädte sorgfältig aufbewahrt. Sie sind in dem prachtvollen Werk Lord Kingsboroughs vereinigt; doch nicht eine darin ist aus Spanien. Die wichtigste derselben, wegen des Lichtes, das sie über die aztekischen Einrichtungen verbreitet, ist die Mendozasche Handschrift, die, nach dessen über ein Jahrhundert lang währenden geheimnisvollen Verschwinden, endlich in der Bodleyschen Büchersammlung zu Oxford wieder zum Vorschein gekommen ist. Sie ist verschiedene Male in Kupfer gestochen. Die glänzendste in der Farbengebung ist wahrscheinlich die Borgiasche Sammlung in Rom. Die merkwürdigste indes ist die Dresdner Handschrift, die weniger Aufmerksamkeit erregt hat als sie verdient. Obgleich sie gewöhnlich unter die mexikanischen Handschriften geordnet wird, hat sie doch in der Ausführung wenig Ähnlichkeit mit denselben; die Abbildungen der Gegenstände sind sauberer gezeichnet und die Schriftzeichen scheinen, ungleich den mexikanischen, rein willkürlich zu sein und sind möglicherweise Tonzeichen. Ihre regelmäßig geordnete Stellung ist ganz der ägyptischen gleich. Das Ganze lässt auf eine weit höhere Bildung als die aztekische schließen und gibt reichlichen Stoff zu aufmerksamer Forschung.

Einigen wenigen dieser Karten sind Auslegungen beigefügt, die man nach der Eroberung von den Eingeborenen erlangte. Der größere Teil ist ganz ohne dergleichen, und kann jetzt nicht entziffert werden. Hätten sich die Mexikaner einer Buchstabenreihe von Lautzeichen bedient, so würde es, wenn man dieser verhältnismäßig wenigen Zeichen zu dieser Art von Mitteilung mächtig geworden wäre, von Anfang an leicht geworden sein, sich einen beständigen Schlüssel zu dem Ganzen zu schaffen. Eine kurze Inschrift hat einen Faden zu dem Irrgarten der ägyptischen Schriftbilder geliefert. Aber die aztekischen Zeichen, die Einzeldinge darstellen, oder höchstens Gattungen, müssen jedes für sich erklärt werden; eine hoffnungslose Aufgabe, zu der aus dem unsicheren und allgemeinen Inhalt der wenigen jetzt vorhandenen Auslegungen wenig Hilfe zu erwarten steht. Es gab, wie schon erwähnt, bis spät im achtzehnten Jahrhundert, einen öffentlichen Lehrer bei der Hochschule von Mexiko, der ausschließlich zur Erforschung der volkstümlichen Schriftmalerei bestimmt war. Aber da dies in Rücksicht auf gerichtliches Verfahren stattfand, so war seine Forschung wahrscheinlich auf Entzifferung von Rechtsgründen beschränkt. In einer Zeit von kaum hundert Jahren nach der Eroberung war die Kenntnis von den Schriftbildern so gesunken, dass ein fleißiger tezcucanischer Schriftsteller sich beklagt, er könne im Lande nur zwei, beide schon sehr alte Leute finden, die überhaupt imstande wären, sie auszulegen. Es ist daher nicht wahrscheinlich, dass die Kunst, diese Bilderschriften zu lesen, jemals wieder erlangt werden wird; ein wahrhaft zu bedauernder Umstand. Nicht als ob die Aufzeichnungen eines halbgebildeten Volkes, der Wahrscheinlichkeit nach, eine neue Wahrheit oder eine für menschliches Wohlergehen oder Vorwärtsschreiten wichtige Entdeckung enthalten würden, aber sie würden gewiss kaum ermangeln, noch mehr Licht über die vorhergehende Geschichte des Volkes, und zwar des gebildeteren, das früher das Land bewohnte, zu verbreiten. Dies würde noch wahrscheinlicher sein, wenn einige wissenschaftliche Überbleibsel von ihren toltekischen Vorgängern erhalten wären, und wenn die Nachricht begründet ist, so war ein wichtiges Sammelwerk aus dieser Quelle zur Zeit des Einfalls vorhanden, und dürfte vielleicht zur Vergrößerung von Zumarragas Brandopfer beigetragen haben. Es gehört keine große Anstrengung der Einbildungskraft dazu, um zu vermuten, dass solche Berichte die aufeinanderfolgenden Ringe in der mächtigen Kette der Völkerwanderung der ursprünglichen Stämme offenbaren, und, indem sie uns zum Ort ihrer Besitzungen in der Alten Welt zurückführen, das Geheimnis gelöst haben dürften, welches den Gelehrten so lange, in Bezug auf die Ansiedlung und Gesittung der neuen, in Verlegenheit gesetzt hat.

Außer in den bilderschriftlichen Karten bildeten die Sagen des Landes den Inhalt der Lieder und Hochgesänge, die, wie schon erwähnt, in den öffentlichen Schulen sorgfältig gelehrt wurden. Diese waren verschiedenen Inhalts und enthielten die fabelhaften Sagen eines Heldenzeitalters, die kriegerischen Taten ihres eigenen, oder die sanfteren Erzählungen von Liebe und Lust. Viele derselben waren von Gelehrten und Leuten von Rang verfasst, und werden, als die zuverlässigsten Berichte über Ereignisse gewährend, angeführt. Die mexikanische Mundart war reich und ausdrucksvoll, jedoch der tezcucanischen, der feinsten aller Sprach weisen Anahuacs, untergeordnet. Von den aztekischen Dichtungen ist keine auf die Nachwelt gekommen, aber wir können den allgemeinen Zustand der dichterischen Bildung einigermaßen nach den Hochgesängen würdigen, die aus dem königlichen Hause von Tezcuco bis auf uns gekommen sind.

Sahagun hat uns Übersetzungen ihrer ausgefeilteren, ungebundenen Schreibart, aus Gebeten und öffentlichen Reden bestehend, geliefert, die einen günstigen Begriff von ihrer Beredsamkeit geben, und beweisen, dass sie viel Aufmerksamkeit auf wohlrednerische Wirkung verwendeten. Man sagt, sie sollen auch etwas von bühnenmäßiger, gebärdentanzartiger Darstellung gehabt haben, worin die Gesichter der Schauspieler mit Larven bedeckt und die Gestalten von Vögeln und anderen Tieren häufig dargestellt wurden; eine Nachahmung, zu welcher die bekannte Abzeichnung solcher Gegenstände in ihren Schriftbildern sie veranlasst haben dürfte.

In alldem sehen wir die Dämmerung einer wissenschaftlichen Bildung, die indes von ihren Fortschritten auf den strengeren Bahnen der Mathematik noch übertroffen wurde.

Folterung eines Volksverräters

Sie erdachten eine Art der Aufzeichnung in ihrer Rechenkunst, die ziemlich einfach ist. Die ersten zwanzig Zahlen wurden durch eine entsprechende Zahl von Punkten ausgedrückt. Die ersten fünf hatten eigene Namen, nach denen sie durch die Verbindung des fünften mit einem der vier vorhergehenden dargestellt wurden, als fünf und eins für sechs, fünf und zwei für sieben usf. Zehn und fünfzehn hatten jede einen besonderen Namen, der ebenfalls mit den vier ersten verbunden wurde, um eine größere Zahl auszudrücken. Diese vier waren daher die Wurzelzeichen ihrer mündlichen Rechenkunst, auf dieselbe Weise, wie sie es von der schriftlichen bei den alten Römern waren; eine einfachere Anordnung wahrscheinlich, als irgendeine bei den Europäern bestehende. Zwanzig wurde durch ein besonderes Schriftbild — eine Flagge — ausgedrückt. Größere Summen wurden nach Zwanzigern, und schriftlich durch Wiederholung der Zahl von Flaggen, gerechnet. Die Quadratzahl von zwanzig, vierhundert, hatte ein besonderes Zeichen, das einer Feder; ebenso wurde die Kubikzahl von zwanzig oder achttausend durch einen Beutel oder Sack bezeichnet. Dies waren alle Rechenzurüstungen der Mexikaner, durch deren Verbindungen sie imstande waren, jede Vielheit auszudrücken. Um schneller fertig zu werden, pflegten sie Bruchteile von größeren Summen dadurch zu bezeichnen, dass sie nur einen Teil des Gegenstandes hinmalten. So zeigte die Hälfte eines Beutels oder einer Feder oder drei Viertel derselben, den Teil der davon anzugebenden Summen an usf. Bei all diesem wird uns, die wir unsere Rechnungen mit so großer Leichtigkeit vermittelst der arabischen oder vielmehr indischen Zahlzeichen vornehmen, diese künstliche Einrichtung sehr unvollkommen scheinen. Sie ist indes nicht viel ungeschickter als die von den berühmten Mathematikern des Altertums befolgte, denen die glänzende Erfindung nicht bekannt war, die der Größenlehre ein neues Ansehen gegeben hat, nämlich den Wert größtenteils durch die bezügliche Stellung der Glieder zu bestimmen.

In der Zeitrechnung richteten die Azteken ihr Gemeinjahr nach dem Sonnenjahr ein. Sie teilten es in achtzehn Monate, einen jeden von zwanzig Tagen.

DIE WISSENSCHAFT BEI DEN AZTEKEN

Durchquerung eines Berges (?). Bilderhandschrift

Sowohl Monate als Tage wurden durch eigene Schriftbilder ausgedrückt — indem die der ersteren oft die .Jahreszeit andeuteten, gleich den französischen Monaten zur Zeit der Staatsumwälzung. Es wurden, wie in Ägypten, fünf Ergänzungstage hinzugefügt, um die Zahl von dreihundertfünfundsechzig voll zu machen. Diese gehörten zu keinem Monat und wurden als besonders unglückliche betrachtet. Ein Monat war in vier Wochen, jede von fünf Tagen, eingeteilt, an deren letztem der öffentliche Meß- oder Markttag war. Diese von den bei den Völkern des alten Festlandes, sowohl in Europa als in Asien, abweichende Einrichtung hat den Vorteil, jedem Monat eine gleiche Anzahl von Tagen zu geben, und sowohl in den Monaten als im Jahre ganze Wochen, ohne Bruchteile, zu enthalten.

Schlange, Steinrelief

Da das Jahr beinahe sechs Stunden mehr als dreihundertfünfundsechzig Tage hat, blieb noch ein Überschuss, den sie gleich anderen Völkern, die sich einen Kalender schufen, durch Einschaltung verwendeten; allerdings nicht alle vier Jahre, wie die Europäer, sondern in längeren Zwischenräumen, wie einige asiatische Völker. Sie warteten den Ablauf von zweiundfünfzig ungenauen Jahren ab, um dann dreizehn Tage oder vielmehr zwölf und einen halben, was der richtige Rückstand ist, einzuschalten. Hätten sie dreizehn eingeschaltet, so wäre dies zuviel gewesen, da der jährliche Überschuss über dreihundertfünfundsechzig Tagen ungefähr elf Minuten weniger als sechs Stunden beträgt. Aber da man ihren Kalender, zur Zeit

51

Statue aus Granit, Vase

der Eroberung, mit dem europäischen übereinstimmend fand (wenn man die spätere gregorianische Verbesserung auf ihn anwendet), so scheint es, dass sie die kürzere Zeit von zwölf und einen halben Tag angenommen haben, die sie, bis auf einen fast unanschlagbaren Bruchteil mit der genauen Länge des Sonnenwendejahres, wie es durch die allergenauesten Beobachtungen feststeht, in Übereinstimmung brachten. In der Tat gibt die Einschaltung von fünfundzwanzig Tagen nach jeden hundert und vier Jahren eine genauere Ausgleichung des Gemeinjahres mit dem Sonnenjahre, als man in irgendeinem europäischen Kalender findet; denn es müssen mehr als fünf Jahrhunderte verfließen, ehe ein Tag verlorengeht. So groß war die staunenswerte Genauigkeit der Azteken, oder vielleicht ihrer gebildeteren toltekischen Vorgänger in diesen Berechnungen, die so schwierig sind, dass sie, bis zu einem verhältnismäßig neuen Zeiträume, den aufgeklärtesten Völkern der Christenheit getrotzt haben!

Die Zeitrechnungsart der Mexikaner, wonach sie die Zeit irgendeines besonderen Ereignisses bestimmten, war auch sehr merkwürdig. Der Zeitpunkt, von dem an sie rechneten, stimmte mit dem Jahre 1091 der christlichen Zeitrechnung überein. Es war die Zeit der Verbesserung ihres Kalenders, bald nach ihrer Auswanderung aus Aztlan. Sie warfen die Jahre, wie schon erwähnt, in große Zeitkreise, ein jeder von zweiundfünfzig Jahren, die sie „Garben" oder „Bündel" nannten, und die durch eine Anzahl durch ein Band zusammengebundener Rohre dargestellt wurden. So oft dieses Schriftbild in ihren Karten vorkommt, zeigt es halbe Jahrhunderte an. Um nun irgendein besonderes Jahr bezeichnen zu können, teilten sie den großen Zeitkreis in vier kleinere oder „Indiktionen", einen jeden von dreizehn Jahren. Dann nahmen sie zwei abwech-

52

selnde Reihen von Zeichen an, die eine bestehend aus ihren Zahlpunkten bis zu dreizehn hinauf, die andere aus vier Schriftbildern der Jahre. Diese letzteren wiederholten sie in regelmäßiger Aufeinanderfolge, indem sie einem jeden eine Anzahl der entsprechenden Reihen von Punkten gegenüberstellten, die sich auch einander in regelmäßiger Reihe bis zu dreizehn folgten. Auf dieselbe Weise wurde die vier „Indiktionen" hindurch verfahren, die, wie man bemerken wird, immer mit einem Jahresschriftbild anfingen, das sich von dem vorhergegangenen unterschied, und auf diese Weise machte man, dass jedes der Schriftbilder sich nach und nach mit jedem der Zahlzeichen verband, doch nie zweimal mit dem nämlichen, da vier und dreizehn, die in zweiundfünfzig, der Anzahl von Jahren im Zeitkreise aufgehen, genau so viele Zusammensetzungen gestatteten, als ihrem Betrage gleichkommt. So hatte jedes .Jahr sein angemessenes Sinnbild, woran es sogleich erkannt wurde. Und dies Sinnbild, dem die eigene Zahl von „Bündeln" voran stand, die die halben Jahrhunderte anzeigten, gab genau die Zeit an, die seit dem volkstümlichen Zeitpunkt 1091 verflossen war. Die sinnreiche Erfindung von abwechselnden Reihen, statt der beschwerlichen bilderschriftlichen Aufzeichnung, ist nicht den Azteken allein eigen und findet sich bei verschiedenen Völkern auf dem asiatischen Festland — dem Grundsatz nach ebenso, nur in der Ausführung wesentlich wechselnd.

Der oben beschriebene Sonnenkalender dürfte allen Zwecken des Volkes entsprochen haben, aber die Priester zogen es vor, einen andern für sich selbst zusammenzusetzen. Dieser wurde eine „Mondrechnung" genannt, obgleich er in keiner Weise nach den Umläufen des Mondes bearbeitet war. Er war ebenfalls aus zwei abwechselnden Reihen gebildet, von denen die eine aus dreizehn Zahlenzeichen oder Punkten, die andere aus zwanzig Schriftbildern der Tage bestand. Aber da aus diesen Verbindungen nur zweihundertsechzig Tage entstanden wären, und aus der Wiederholung der nämlichen Bezeichnungsweisen für die übrigbleibenden hundertfünf Tage des Jahres Verwirrung entstehen konnte, so ersannen sie eine dritte Reihe von noch neun Schriftbildern, die, mit den vorhergehenden beiden Reihen abwechselnd, es unmöglich machten, dass diese drei zweimal in demselben Jahre zusammenfielen, oder eigentlich in weniger als 2340 Tagen; da 20 * 13 * 9 = 2340 ist. Dreizehn war eine geheimnisvolle Zahl, die häufig in ihren Tafeln gebraucht wird. Warum sie bei dieser Gelegenheit gerade die Neun wählten, ist nicht so klar. Dieser zweite Kalender erweckt eine heilige Entrüstung bei den früheren spanischen Heidenbekehrern, und Pater Sahagun verdammt ihn als „höchst ruchlos, da er weder auf der gesunden Vernunft noch auf dem Einfluss der Wandelsterne noch auf dem wahren Verlaufe des Jahres beruht, sondern rein das Werk der Zauberkunst und die Frucht eines Vertrages mit dem Teufel ist". Es ist zweifelhaft, ob der Aberglaube derer, die den Plan erdacht, größer war als derer, die ihn auf solche Weise angriffen. In jedem Falle mögen wir eine hinreichende Erklärung seines Entstehens, ohne zu übernatürlicher Einwirkung unsere Zuflucht zu nehmen, im menschlichen Herzen finden, in jener Liebe zur Macht, die den Priesterstand so manchen Glaubens verleitet hat, ein Geheimnis zu erkünsteln, zu dem der Schlüssel nur ihm anvertraut sei.

Mit Hilfe dieses Kalenders hielten die aztekischen Priester ihre eigenen Urkunden, regelten sie ihre Festtage und Opferzeiten und machten sie alle ihre Sterndeuter-Berechnungen. Die falsche Wissenschaft der Sterndeuterei ist einem teilweise gesitteten, geselligen Zustand eigen, wo der Verstand, ungeduldig über die langsame und vorsichtige Untersuchung, durch welche allein er zur Wahrheit gelangen kann, plötzlich in die Gebiete des übersinnlichen schweift und vorschnell den undurchdringlichen Schleier zu lüften versucht, der die Geheimnisse der Natur umhüllt. Die wahre Wissenschaft ist daran kenntlich, dass sie die unüberschreitbaren, doch nicht sehr sichtbaren Grenzen erkennt, die das Reich der Vernunft von dem der leeren Grübeleien trennt. Solche Erkenntnis kommt erst spät. Wieviele Zeitalter sind dahin gerollt, in denen geistige Kräfte, die richtig geleitet, die großen Gesetze der Natur entdeckt haben würden, in glänzenden, aber unfruchtbaren Träumereien über Geldmacherei und Sterndeutung verschwendet worden sind!

Die letztere ist vorzüglich der Forschungsgegenstand eines sehr frühen Zeitalters, wo der Verstand, unfähig zu der staunenswerten Tatsache zu gelangen, dass die unzähligen kleinen Lichter, die am Himmelsgewölbe glühen, die Mittelpunkte von Weltgebäuden, erhaben, gleich dem unsrigen, sind, natürlich darauf hingeleitet wird, über ihren wahrscheinlichen Nutzen nachzusinnen, und sie auf eine oder die andere Weise mit dem Menschen in Zusammenhang zu bringen, zu dessen Vorteil jeder andere Gegenstand im Weltall geschaffen zu sein scheint. Da das Auge des einfachen Naturkindes die langen Nächte hindurch den erhabenen Gang der Himmelskörper beobachtet, und sieht, wie die glänzenden Heerscharen eine nach der andern aufgehen, und wie sie mit den Jahreszeiten wechseln, so bringt er sie natürlich mit diesen Jahreszeiten in Verbindung, als den Zeiträumen, über die sie einen geheimnisvollen Einfluss üben. Auf dieselbe Weise bringt er ihr Erscheinen mit irgendeinem beachtenswerten Zeitereignisse in Verbindung und erforscht in ihren flammenden Zeichen die Schicksale neugeborener Kinder. Dies ist der Ursprung der Sterndeutung, deren trügerische Kenntnis von den frühesten Zeiten an das Menschengeschlecht verblendet und irregeführt hat, bis sie in der höheren Aufklärung eines verhältnismäßig noch neuen Zeitraums dahingeschwunden ist.

Die Sterndeutungskunst der Azteken war weniger auf den Einfluss der Wandelsterne gegründet, als auf den der willkürlichen Zeichen, die sie für Monate und Tage angenommen hatten. Der Charakter des Hauptzeichens in jedem Mondzeitkreise von dreizehn Tagen gab dem Ganzen seine Grundfärbung, obgleich dieselbe einigermaßen den Einflüssen der Zeichen der darauffolgenden Tage sowie der Stunden unterworfen war. In der Berichtigung dieser gegeneinander streitenden Kräfte zeigte sich die große Kunst des Deuters. In keinem Lande, selbst nicht im alten Ägypten, wurde an die Träume des Sterndeuters so blindlings geglaubt. Bei der Geburt eines Kindes wurde er augenblicklich gerufen. Die Zeit des Ereignisses wurde genau vergewissert, und die Familie schwebte in zitternder Spannung, wenn der Diener des Himmels dem Kind das Horoskop stellte und das finstere Schicksalsbuch entrollte. Der Mexikaner erkannte mit seinem ersten Atemzuge den Einfluss des Priesters auf sich an.

DIE WISSENSCHAFT BEI DEN AZTEKEN

Opferblutschale

Wir wissen nicht viel mehr von den Kenntnissen der Azteken in der Sternkunde. Dass sie die Ursache der Sonnenfinsternisse kannten, geht aus der Entwerfung ihrer Karten deutlich hervor, aus der Scheibe des Mondes, die auf der Sonnenscheibe entworfen ist. Ob sie eine zusammenhängende Lehre von den Sternbildern hatten, ist ungewiss; dass sie einige von den in die Augen fallendsten als solche erkannten, wie z. B. die Plejaden, geht deutlich aus der Tatsache hervor, dass sie ihre Festtage nach denselben festsetzten. Wir wissen von keinen von ihnen gebrauchten Sternkundewerkzeugen, mit Ausnahme der Sonnenuhr. Ein ungeheurer runder Block von ausgeschnittenem Stein, der im Jahre 1790 auf dem großen Platze in Mexiko ausgegraben wurde, hat einem scharfsinnigen, gelehrten Forscher ein Mittel an die Hand gegeben, einige nicht unwichtige Tatsachen in Bezug auf die Kenntnisse der Mexikaner festzustellen. Dieses riesenhafte Bruchstück, auf dem der Kalender eingegraben ist, zeigt, dass sie Mittel besaßen zur genauen Bestimmung der Tagesstunden, der Zeiten der Sonnenwende und Nachtgleichen und des Durchganges der Sonne durch den Scheitelpunkt von Mexiko.

Wir können die Sternkunde der Mexikaner nicht ohne Verwunderung betrachten, da sie in gar keinem Verhältnis zu ihren Fortschritten auf anderen Bahnen der Bildung ist. Eine Kenntnis von einigen der augenscheinlichsten Grundsätzen der Sternkunde liegt im Bereich des rohesten Volkes. Mit geringer Mühe können sie lernen, die regelmäßigen Veränderungen der Jahreszeiten mit denen des Standes der Sonne, bei ihrem Auf- und Untergange, in Verbindung zu bringen. Sie können den Gang des großen, leuchtenden Körpers am Himmel verfolgen, wenn sie die Sterne beobachten, die zuerst bei seinem Abendgang glänzen, oder bei seinen Morgenstrahlen verschwinden. Sie können eine Umdrehung des Mondes messen, indem sie sich seine Lichtgestalten merken, und sich selbst einen allgemeinen Begriff von der Anzahl solcher Umdrehungen in einem Sonnenjahre machen. Aber dass sie imstande gewesen sein sollten, ihre Festtage genau nach den Bewegungen der Himmelskörper festzusetzen, und mit einer den großen Weisen des Altertums unbekannten Genauigkeit, die wahre Länge des Jahres nach dem Wendekreise zu bestimmen, konnte nur die Folge einer langen Reihe von sorgfältigen und geduldigen Beobachtungen sein, die keinen geringen Fortschritt in der Bildung bekunden. Doch woher konnten die rohen Bewohner dieser bergigen Gegenden diese eigene Gelehrsamkeit erworben haben? Nicht von den wilden Horden, welche in den höheren nördlichen Breitengraden umherstrichen; ebenso wenig von den verfeinerteren Stämmen auf dem südlicheren Festland, mit denen sie offenbar gar keinen Verkehr hatten. Wenn wir in unserer Verlegenheit uns, wie der größte Sternkundige unseres Zeitalters, getrieben fühlen, die Lösung unter den gebildeten Staatsgesellschaften Asiens zu suchen, so werden wir doch mit Erstaunen, mitten unter der allgemeinen Ähnlichkeit in den Umrissen, noch hinreichende Abweichung im einzelnen finden, um die Meinung vieler, die den Azteken den Anspruch auf Ursprünglichkeit zu-gestehen, für gerechtfertigt zu halten. .

Ich werde den Bericht über das Wissen der Mexikaner mit dem über einen merkwürdigen Festtag schließen, den die Eingeborenen am Ende des großen Zeitkreises von zweiundfünfzig Jahren feierten. Wir haben aus dem vorhergehenden Hauptstück ihre Sage von der Zerstörung der Welt in vier regelmäßig aufeinanderfolgenden Zeitpunkten ersehen. Sie sahen mit Gewissheit einem andern solchen Zeitpunkte entgegen, der, gleich dem vorhergegangenen, am Ende eines Zeitkreises eintreten werde, wo die Sonne am Himmel erlöschen, das menschliche Geschlecht von der Erde verschwinden und die Finsternis des Urgemisches sich über den bewohnbaren Erdball verbreiten werde. Der Zeitkreis sollte im letzten Teile des Dezember zu Ende gehen, und wenn die trübe Zeit der Winter-Sonnenwende herannahte, auch das verminderte Tageslicht eine traurige Vorbedeutung von dessen baldiger Verlöschung enthielt, wuchsen ihre Besorgnisse; und wenn die fünf „unglücklichen" Tage, die das Jahr beschlossen, herankamen, überließen sie sich der Verzweiflung. Sie brachen die kleinen Bilder ihrer Hausgottheiten in Stücke, da sie diesen nicht mehr vertrauten. Man ließ die heiligen Feuer in den Tempeln ausgehen und in ihren eigenen Wohnungen wurden keine angezündet. Ihre Zimmer- und Hausgeräte wurden zerstört, ihre Kleider in Stücke zerrissen, und alles wurde in Unordnung umhergeworfen zum Empfang der bösen Geister, die sich auf die öde Erde herablassen würden.

Am Abend des letzten Tages bewegte sich ein feierlicher Zug von Priestern, die die Kleidung und Zieraten ihrer Götter anlegten, von der Hauptstadt nach einem ungefähr zwei Leguas entfernten hohen Berge. Sie nahmen ein edles Opfer mit, die Blüte ihrer Gefangenen, und eine Vorrichtung zum Anzünden des „neuen Feuers", dessen Erfolg als eine Vorbedeutung für die Erneuerung des Zeitkreises betrachtet wurde. Wenn der Zug den Gipfel des Berges erstiegen hatte, stand er bis Mitternacht still, wo dann, sobald das Sternbild der Plejaden den Scheitelpunkt erreicht hatte, das „neue Feuer" durch Reiben von Stäben, die auf die verwundete Brust des Schlachtopfers gestellt waren, angezündet wurde. Die Flamme wurde sofort an einen Scheiterhaufen gelegt, auf den der Körper des erschlagenen Gefangenen geworfen wurde. So wie die Flamme gegen den Himmel emporloderte, brach Freuden- und Siegesgeschrei aus der unzählbaren Menge hervor, die die Hügel, die Erdstufen der Tempel und die Dächer der Häuser bedeckte, die ängstlichen Blicke auf den Opferberg gerichtet. Eilboten mit Fackeln, die an dem flammenden Leuchtfeuer angezündet waren, trugen sie schnell nach jedem Teile des Landes, und man sah das erheiternde Element auf Altar und Feuerherd, im Umkreise von mancher Legua, flammen, lange ehe die Sonne, auf ihrer gewohnten Bahn aufgehend, die Gewissheit gab,

Abb. 1: Der Stein der Sonne im Anthropologischen Nationalmuseum von Mexico .

dass ein neuer Zeitkreis begonnen habe, und die Gesetze der Natur für die Azteken nicht sollten umgestoßen werden.

Die folgenden dreizehn Tage waren Festlichkeiten gewidmet. Die Häuser wurden gereinigt und übertüncht. Die zerbrochenen Geräte wurden durch neue ersetzt. Das Volk, in seinen festlichsten Kleidern und mit Blumengewinden und Kränzen geschmückt, strömte in fröhlichen Zügen herbei, seine Opfergaben und Dankgebete in den Tempeln darzubringen. Tänze und Spiele, die Wiedergeburt der Welt sinnbildlich darstellend, wurden begangen. Es war die Fastnachtzeit der Azteken oder vielmehr das Jubelfest des Volkes, die große Jahrhundertfeier, gleich jener der Römer oder allen Etrusker, die wenige vorher mitgemacht hatten oder wieder zu erleben erwarten durften.

LANDWIRTSCHAFT UND HANDEL

Die Bebauung des Landes. — Schätze aus dem Steinreich. — Geschicklichkeit der aztekischen Goldarbeiter. — Bildhauerkunst. — Wunder der mexikanischen Federarbeit. — Die Märkte Mexikos. — Aztekische Kaufleute. — Das häusliche Leben. — Vielweiberei. — Die Frauen. — Geselligkeit. — Der Tabak. — Kochkunst. — Tanz

Es ist kaum möglich, dass ein in der Mathematik so weit fortgeschrittenes Volk wie die Azteken nicht einen beträchtlichen Fortschritt in den so nahe damit zusammenhängenden Handwerkskünsten gemacht haben sollte. In der Tat schließt jeder geistige Fortschritt irgendeiner Art einen Grad von Verfeinerung in sich, der zugleich eine gewisse Pflege sowohl der nützlichen als der zierlichen Kunst erfordert. Der durch weite Wälder streifende Wilde, ohne Schutz für seinen Kopf oder Kleidung für seinen Körper, kennt keine anderen Bedürfnisse als tierische, und wenn diese befriedigt sind, meint er die einzigen Zwecke des Daseins erfüllt zu haben. Aber der Mensch im geselligen Zustande fühlt mancherlei Wünsche und künstliche Neigungen entstehen, die sich nach den verschiedenen Verhältnissen, in denen er lebt, richten und die seine Erfindungskraft fortwährend anspornen, neue Mittel zu ihrer Befriedigung zu ersinnen.

In der Handgeschicklichkeit verschiedener Völker besteht ein großer Unterschied, aber der Unterschied .ist noch größer in der Erfindungskraft, die diese Geschicklichkeit leitet und sie brauchbar macht. Einige Völker scheinen keine Kraft zu besitzen, die über die der Nachahmung hinausgeht, oder wenn sie Erfindungskraft besitzen, so ist dies in einem so niedrigen Grade der Fall, dass sie beständig den nämlichen Einfall wiederholen, ohne einen Schatten von Abänderung oder Verbesserung, so wie der Vogel genau dieselbe Art von Nest baut, die seine Gattung vom Anbeginn der Welt gebaut hat. So sind z. B. die Chinesen wahrscheinlich Jahrhunderte lang mit den Keimen einiger Entdeckungen vertraut gewesen, die nur geringen anwendbaren Nutzen für sie selbst hatten, die aber unter dem Einfluss des europäischen Geistes zu einem Grad von Vortrefflichkeit gelangt sind, der in der gesellschaftlichen Verfassung eine bedeutende Veränderung hervorgebracht hat.

Weit entfernt, davon rückwärts zu schauen und sich sklavisch nach dem Vergangenen zu richten, ist es dem europäischen Verstände eigentümlich, immer vorwärts zu schreiten. Alle Entdeckungen werden die Grundlage zu neuen. Er geht von einer Wahrheit zur andern über, indem er das Ganze durch eine Reihenfolge von Ringen gleichsam mit der großen Kette des Wissens verbindet, die das Weltall zu umgeben und es zusammenzuhalten bestimmt ist. Das Licht der Gelehrsamkeit hat sich über die Arbeiten der Kunst verbreitet. Dem Wechsel verkehr der Personen und Gedanken sind neue Zugänge eröffnet; man hat neue Erleichterungen für den Unterhalt erfunden. Persönliche Behaglichkeiten jeder Art haben sich auf unbegreifliche Weise vervielfältigt und sind auch den Ärmsten zugänglich geworden. Im sicheren Genuss derselben erheben sich die Gedanken in ein edleres Gebiet als das der Sinne, und die Anwendung

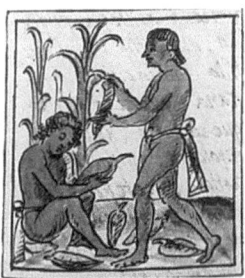

Aztekische Maislandwirtschaft, Bilderhandschrift

der Kunst dient dazu, den Forderungen eines feinen Geschmacks und einer höheren geistigen Bildung förderlich zu werden.

Derselbe aufgeklärte Geist auf Landbau angewendet, erhebt ihn von einer bloß handwerksmäßigen, knechtischen Arbeit oder einer trockenen Formel überlieferter Vorschriften zur Würde einer Wissenschaft. Je mehr die Zusammensetzung der Erde ergründet wird, lernt der Mensch die Fähigkeit des Bodens kennen, den er bebaut, und je mehr sein Reich sich nach und nach über die Urstoffe der Natur ausbreitet, erlangt er die Macht, sie zu ihren schönsten und mannigfachsten Erzeugnissen anzuregen. Wir können uns mit Genugtuung zu dem Lande unserer Väter wenden, als zu dem, in dem der Versuch am weitesten getrieben und mit Erfolgen gekrönt worden ist, die bisher unerhört in der Welt waren. Mit gleichem Recht dürfen wir auf den angelsächsischen Stamm in beiden Halbkugeln zeigen, als auf den, dessen unternehmender Geist am wesentlichsten zu den großen Zwecken der Menschheit, durch die Anwendung der Wissenschaft auf die nützlichen Künste, beigetragen hat.

Der Landbau wurde bei den meisten der rohen, nordamerikanischen Horden nur in sehr beschränkten Umfang betrieben. Wo nur irgend eine natürliche Öffnung im Walde oder ein großer, unbebauter Landstrich sich ihrem Auge darbot, oder sich ein grüner Abhang, den Flüssen entlang, fand, pflanzten sie Bohnen und indisches Korn darauf. Der Anbau geschah im höchsten Grade nachlässig und vermochte die unvorsichtigen Eingeborenen nicht vor dem häufigen Eintritt trostloser Hungersnot zu schützen. Dennoch war das Pflügen des Bodens überhaupt schon eine Eigentümlichkeit, die sie vor anderen Jägerhorden auszeichnete, und sie einen Grad höher auf der Leiter der Bildung steigen machte.

In Mexiko war der Ackerbau ebenso weit vorgerückt wie die anderen Künste des geselligen Lebens. In wenigen Ländern stand er in höherer Achtung. Er war mit den bürgerlichen und religiösen Einrichtungen des Volkes eng verbunden. Es gab besondere Gottheiten, die ihn beschützten; die Namen der Monate und der gottesdienstlichen Feste hatten mehr oder weniger Bezug darauf. Die öffentlichen Abgaben wurden, wie wir gesehen haben, oft in Landbauerzeugnissen bezahlt. Jedermann, die Krieger und die hohen Edelleute ausgenommen, sogar die Städtebewohner, trieb Landbau. Die Arbeit wurde hauptsächlich von den Männern verrichtet, während die Frauen die Saat ausstreuten, das Korn enthülsten, und nur an den leichteren Feldarbeiten teilnahmen. Hierin bildeten sie einen ehrenhaften Gegensatz zu den anderen Stämmen des Festlandes, die die Last des Landbaues, wie beschwerlich derselbe auch im Norden ist, ihren Weibern aufbürdeten. Wirklich wurde das andere Geschlecht von den Azteken hierbei ebenso zart behandelt, wie es in den meisten Teilen von Europa noch heutigentags geschieht.

Es fehlte ihnen nicht an richtigem Urteil in der Behandlung ihres Bodens. Wenn er etwas erschöpft war, ließen sie ihn durch Brachliegen sich erholen. Seiner großen Dürre wurde durch Wasserleitungen abgeholfen, die das Land zum Teil bewässerten, und der nämliche Zweck wurde durch strenge Strafen gegen die Zerstörung der Wälder gefördert, womit, wie schon erwähnt, das Land vor der Eroberung reichlich bedeckt war. Endlich bauten sie für ihre Ernten geräumige Kornspeicher, die, wie die Eroberer selbst gestanden, von einer bewundernswerten Bauart waren. In dieser Vorsorge sehen wir den gesitteten Menschen sich ankündigen.

Zu den wichtigsten Gegenständen des Landbaues müssen wir die *banana* zählen, deren leichte Pflege und überreicher Ertrag den Gewohnheiten regelmäßigen und mühsamen Fleißes so verderblich ist. Eine andere merkwürdige Pflanze war der Kakao, dessen Frucht die Schokolade, — aus dem mexikanischen *chocolatl* — das jetzt in Europa so gewöhnliche Getränk liefert. Die Vanille, die auf einen kleinen Bezirk der Seeküste beschränkt ist, wurde ebenso wie bei uns zur Würzung ihrer Speisen und Getränke gebraucht. Den Haupreichtum des Landes sowie des amerikanischen Festlandes bildete Mais oder indianisches Korn, das den Tälern entlang und an den steilen Wänden der Kordilleren bis zu der Hochebene des Tafellandes wild wuchs. Die Azteken waren so sorgsam in der Bereitung desselben und so wohlerfahren in dem davon zu machenden mannigfaltigen Gebrauch, wie die erfahrenste neu-englische Hausfrau. Seine riesenhaften Halme geben in diesen Gegenden der Nachtgleiche einen zuckerartigen Stoff, den man in nördlicheren Breiten nicht so häufig findet, und der die Eingeborenen mit Zucker versorgte, der nicht viel geringer als der aus dem Zuckerrohr selbst war, das bei ihnen erst nach der Eroberung eingeführt wurde. Aber das Wunderwerk der Natur war die große mexikanische Aloe oder *maguey,* deren traubenartige, aus den dunklen Blätterkronen sich erhebende Blütensäulen man über die Äcker des Tafellandes verbreitet sah. Wie schon bemerkt, lieferten ihre zerquetschten Blätter einen Teig, woraus Papier bereitet wurde; der Saft derselben wurde zu einem betäubenden Getränk, *pulque,* in Gärung gebracht, das die Eingeborenen noch heute außerordentlich lieben; die Blätter denselben lieferten noch ferner eine undurchdringliche Dachbedeckung für die geringeren Wohnungen; aus ihren zähen und verflochtenen Fasern wurden Garn zu groben Stoffen und starke Stricke gemacht; aus den Dornen an den Spitzen ihrer Blätter Nägel und Nadeln; und die Wurzel, gehörig gekocht, gab eine wohlschmeckende und nahrhafte Speise. Kurz, die *agave* lieferte den Azteken: Essen, Trinken, Kleidung und Schreibstoffe. Gewiss hat die Natur niemals in einer so gedrängten Form so mannigfache Mittel für das Wohlbehagen und die Bildung des Menschen vereinigt!

LANDWIRTSCHAFT UND HANDEL

Es würde offenbar unpassend sein, in diesem Buche alle die Pflanzengattungen aufzuzählen, von denen viele Heilkraft besitzen, die aus Mexiko in Europa eingeführt worden sind. Noch weniger kann ich versuchen, ein Verzeichnis von den Blumen zu geben, die mit ihren herrlichen bunten Farben den größten Schmuck unserer Gewächshäuser ausmachen. Die verschiedenen entgegengesetzten Himmelsstriche innerhalb der engen Breiten Neu-Spaniens haben demselben wahrscheinlich den reichsten und mannigfaltigsten Blumenschmuck gegeben, der in irgendeinem anderen Lande des Erdballs zu finden ist. Diese verschiedenartigen Erzeugnisse wurden von den Azteken nach den ihnen bekannten Eigenschaften genau geordnet, und in Pflegegärten gesammelt, die umfangreicher als irgendeiner in der Alten Welt waren. Es ist nicht unwahrscheinlich, dass sie den Gedanken jener Botanischen Gärten eingaben, die, wenige Jahre nach der Eroberung, in Europa eingeführt wurden.

Die Mexikaner kannten die Schätze ihres Königreiches aus dem Steinreiche ebenso gut wie die aus dem Pflanzenreiche. Silber, Blei und Zinn zogen sie aus den Graben von Tasco; Kupfer aus den Gebirgen von Zacotollan. Diese Metalle wurden nicht nur aus den rohen Massen an der Oberfläche entnommen, sondern aus Adern in dem festen Gestein zutage gefördert, in die sie weitläufige Gänge eröffneten. In der Tat lieferten die Spuren ihrer Arbeiten die besten Merkmale für die früheren spanischen Bergleute. Gold, das an der Oberfläche gefunden oder aus den Flussbetten gesammelt wurde, ward in Barren gegossen oder machte in Staubform einen Teil der regelmäßigen Steuer der südlichen Reichslandschaften aus. Den Gebrauch des Eisens, womit der Boden gesättigt war, kannten sie nicht. Seiner Menge ungeachtet, erfordert es so vielfache Behandlungen, um es zum Gebrauch vorzubereiten, dass es gewöhnlich eines der letzten Metalle war, die dem Menschen dienstbar gemacht wurden. Das eiserne Zeitalter ist sowohl in der Wirklichkeit als in der Dichtung auf das eherne gefolgt.

Sie fanden Ersatz dafür in einer Mischung von Zinn und Kupfer, und mit den daraus verfertigten Werkzeugen konnten sie nicht nur Metalle, sondern mit Hilfe eines Kieselstaubes die härtesten Stoffe zerschneiden, als Basalt, Porphyr, Amethyste und Smaragde. Sie gaben diesen letzteren, die man in sehr großen Stücken fand, mancherlei sonderbare und wunderliche Formen. Sie gossen auch goldene und silberne Gefäße, die sie mit ihren metallenen Meißeln auf eine sehr zierliche Weise ausschnitten. Einige von den silbernen Gefäßen waren so groß, dass sie ein Mann nicht mit den Armen umspannen konnte. Sie ahmten die Gestalten der Tiere sehr sauber nach, und konnten, was außerordentlich war, die Metalle auf solche Weise miteinander vermischen, dass die Federn eines Vogels oder die Schuppen eines Fisches abwechselnd von Gold und von Silber waren. Die spanischen Goldschmiede erkannten ihre Überlegenheit in diesen sinnreichen Arbeiten an.

Sie bedienten sich noch eines andern Werkzeuges aus *itztli* oder Obsidianporphyr, einer dunklen, durchsichtigen, außerordentlich harten Steinart, die in ihren Bergen häufig gefunden wird. Sie machten daraus Messer, Bartmesser und ihre sägeartigen Schwerter. Sie nahm eine schneidende Schärfe an, die aber bald stumpf wurde. Mit diesem Werkzeug bearbeiteten sie ihre verschiedenen Steine und Alabaster, die zu ihren öffentlichen Bauwerken und zu vornehmen Wohnungen verwendet wurden. Einen ausführlichen Bericht über diese verschiebe ich bis zur Hauptgeschichte und will hier nur noch hinzufügen, dass die Eingänge und Ecken der Gebäude reich mit Bildwerken, zuweilen von ihren wunderlichen Gottheiten und häufig von Tieren, verziert waren. Die letzteren waren mit großer Genauigkeit ausgeführt. „Die ersteren waren", wie Torquemada sagt, „das scheußliche Abbild ihrer eigenen Seelen, und erst als sie zum Christentum bekehrt worden waren, konnten sie die wahre Gestalt eines Menschen abformen." Die Tatsachen des alten Zeitgeschichtsschreibers sind wohlbegründet, was wir auch von seinen Gründen denken mögen. Die sinnbildlichen Hirngespinste seiner Religion gaben ohne Zweifel dem aztekischen Künstler eine Richtung in der Zeichnung der menschlichen Gestalt, indem sie ihm eine eingebildete Schönheit in der Personengestaltung der Gottheit selbst zur Aufgabe machte. Sobald der Aberglaube seine Herrschaft über seinen Geist verlor, erschloss er sich den Einflüssen eines reineren Geschmacks, und nach der Eroberung lieferten die Mexikaner viele Beispiele von richtiger und einige von schöner Bildnismalerei.

Der in Stein ausgehauenen Götzenbilder gab es so viele, dass die Grundsteine der Stiftskirche auf der *plaza mayor,* dem großen Platze in Mexiko, ganz daraus bestanden haben sollen. Dieser Ort kann in der Tat als das aztekische Forum betrachtet werden — als jener große Sammelplatz der Schätze alter Bildhauerei, die jetzt im Innern desselben verborgen liegen. Solche Denkmäler sind indes überall in der Hauptstadt zerstreut, und es kann kein neuer Keller gegraben oder kein Grund gelegt werden, ohne einige von den verwitternden Überresten roher Kunst ans Licht zu bringen. Aber sie werden wenig beachtet, und wenn sie nicht leichtsinnig sogleich in Stücke zerschlagen werden, verarbeitet man sie zu den aufstrebenden Mauern oder Stützen des neuen Gebäudes. Zwei berühmte halberhabene Bildwerke vom letzten Montezuma und seinem Vater, in festem Stein geschnitten, in den schönen Grabdenkmälern von Chapoltepec, wurden erst im achtzehnten Jahrhundert, auf Befehl der Regierung, mit Vorbedacht zerstört! Vor Denkmälern roher Völker bezeigen die gebildeten Menschen ebenso wenig Achtung als die rohen Völker vor denen der gebildeten.

Das merkwürdigste bisher ausgegrabene Bildhauerwerk ist der große Kalenderstein, dessen in dem vorhergehenden Kapitel Erwähnung geschah. Er besteht aus dunklem Porphyr, und man berechnet, dass er in seiner ursprünglichen Größe, als er aus dem Steinbruch entnommen wurde, ein Gewicht von nahe an fünfzig Tonnen (ungefähr tausend Zentner) gehabt habe. Er wurde aus den Bergen jenseits des Sees Chalco, viele Leguas weit, durch tief gelegenes, von Gräben und Wasserleitungen durchschnittenes Land herbeigebracht. Als er über eine Brücke in der Hauptstadt gefahren wurde, gaben die Stützen nach und die ungeheure Masse stürzte ins Wasser, aus dem sie mit Mühe wieder gezogen wurde. Die Tatsache, dass ein so ungeheures Stück Porphyr meilenweit so sicher, trotz aller Hindernisse und ohne Hilfe von Tieren — denn die Azteken hatten, wie schon bemerkt, kein Zugvieh — fortgeschafft werden konnte, gibt uns keinen geringen Begriff von ihrer Handgeschicklichkeit und von ihren Rüstwerkzeugen, und verrät einen Grad von Bildung, der dem nur wenig nachsteht, den die auf diesem Steine selbst bekundete wissenschaftliche Kenntnis der Sternkunde und Größenlehre voraussetzt.

Die alten Mexikaner verfertigten irdene Geschirre zum gewöhnlichen häuslichen Gebrauch, von denen noch viele Proben vorhanden sind. Sie machten Trinkschalen und Gefäße von gefirnistem oder bemaltem Holze, undurchdringlich von Nässe, und von lebhafter Färbung. Ihre Farbstoffe zogen sie sowohl aus dem Stein- als aus dem Pflanzenreiche. Unter denselben war das kostbare Karmesin der Cochenille, dieser neue Nebenbuhler des berühmten Purpurs von Tyrus. Sie wurde in Europa aus Mexiko eingeführt, wo das merkwürdige kleine Insekt sehr sorgfältig mit Kaktuspflanzen ernährt wurde, was seitdem wieder vernachlässigt worden ist. So waren die Eingeborenen imstande, den Geweben eine glänzende Farbe zu geben, die in jedem Grade von Feinheit aus der in den wärmeren Gegenden des Landes in Menge angebauten Baumwolle angefertigt wurden. Sie verstanden auch die Kunst, dieselben mit dem feinen Haar der Kaninchen und anderer 'Piere zu durchweben, woraus ein ebenso warmes als schönes Tuch von ganz eigentümlicher Art entstand; auf diesem wurden reiche Stickereien von Vögeln, Blumen und anderen seltsamen Mustern angebracht.

Aber die Kunst, die sie am meisten liebten, war ihre *plumaje* oder Federarbeit. Vermöge derselben konnten sie ganz die Wirkung einer schönen Musivmalerei hervorbringen. Das prachtvolle Gefieder der Vögel des Wendekreises, besonders des Papageigeschlechts, gewährte jede Farbenmannigfaltigkeit, und der schöne Flaum des Bienenvogels, der in Schwärmen unter den Geißblattlauben Mexikos umherflatterte, versah sie mit sanften, luftigen Farben, die dem Gemälde eine ganz besondere Vollendung gaben. Die auf einem schönen Baumwollgewebe geklebten Federn wurden zu Kleidern für die reichen Leute, zu Zimmervorhängen und Tempelverzierungen verarbeitet. Kein amerikanisches Kunsterzeugnis hat so viel Bewunderung in Europa erregt, wohin die Eroberer zahlreiche Proben davon sandten. Es ist zu bedauern, dass eine so zierliche Kunst so gänzlich in Verfall geraten ist.

Es gab keine Kaufmannsläden in Mexiko, sondern die verschiedenen Kunst- und Landbauerzeugnisse wurden auf den großen Marktplätzen der vornehmsten Städte zum Verkauf zusammengebracht. Es wurde daselbst alle fünf Tage Markt gehalten, wo sich denn eine große Menge von Leuten zusammendrängte, die aus der ganzen Nachbarschaft dorthin kamen, um zu kaufen und zu verkaufen. Jeder Art von Gegenständen war ein besonderer Platz angewiesen. Die vielfachen Geschäfte wurden ohne Verwirrung und mit strenger Rücksicht auf Rechtlichkeit, unter Aufsicht von eigens dazu angestellten obrigkeitlichen Personen, betrieben. Der Handel wurde zum Teil durch Tausch, zum Teil gegen feststehende Ausgleichungsmittel von verschiedenem Wert geführt. Letztere bestanden aus durchsichtigen Federkielen voll Goldstaub; aus kleinen Stücken Zinn, in der Form von einem T geschnitten; und aus Kakao-Säcken, die eine bestimmte Anzahl Kerne enthielten. „Gesegnetes Geld", ruft Peter Martyr aus, „das den Besitzer desselben vor Geiz bewahrt, da es nicht lange zu Schätzen aufgesammelt oder unter der Erde verborgen werden kann!" Den Unterschied der erblichen Kasten, den man bei den Ägyptern und asiatischen Völkern findet, gab es in Mexiko nicht. Indes war es gebräuchlich, dass der Sohn der Beschäftigung des Vaters folgte. Die verschiedenen Gewerbe hatten eine zunftartige Einrichtung, ein jedes einen ihm zugewiesenen Stadtbezirk, ein eigenes Oberhaupt, seine eigene Schutzgottheit, seine eigentümlichen Festtage und dergleichen mehr. Der Gewerbestand war bei den Azteken sehr geachtet. Der Rat eines bejahrten Oberhauptes war: „Mein Sohn, befleißige dich des Ackerbaues oder der Federarbeit oder irgendeines andern ehrbaren Berufes. So taten deine Vorfahren vor dir. Denn wie würden sie sonst für sich und ihre Familien haben sorgen können? Man hat nie gehört, dass edle Geburt allein imstande war, den, der sie besitzt, zu erhalten." Gefährliche Grundsätze, die in dem Ohre eines spanischen *hidalgo* etwas sonderbar geklungen haben müssen!

Aber die vorzüglich geachtete Beschäftigung war die des Kaufmanns. Sie bildete einen so wichtigen und eigentümlichen Zug ihrer geselligen Verrichtungen, dass sie weit ausführlicher betrachtet zu werden verdient als es von den Geschichtschreibern geschehen ist. Der aztekische Kaufmann war eine Art von wanderndem Handelsmann, der seine Reisen bis zu den entferntesten Grenzen Anahuacs und zu den darüber hinaus liegenden Ländern machte, wo er dann seine aus reichen Stoffen, Kleinodien, Sklaven und anderen wertvollen Dingen bestehenden Waren mit sich nahm. Sklaven waren auf dem großen Markt von Aztcapotzalco, nur wenige Leguas weit von der Hauptstadt, zu haben, wo regelmäßig Messen zum Verkauf dieser unglücklichen Geschöpft; abgehalten wurden. Sie wurden in ihrem glänzendsten Anzug von ihrem Herrn dorthin gebracht und angewiesen, zu singen, zu tanzen und ihren kleinen Vorrat persönlicher Geschicklichkeiten zu zeigen, um sich dem Käufer zu empfehlen. Der Sklavenhandel war ein ehrbarer Beruf bei den Azteken.

Mit dieser reichen Ladung besuchte der Kaufmann die verschiedenen Landschaften, für deren Vorsteher er stets irgendein wertvolles Geschenk von seinem Landesherrn mitbrachte, und gewöhnlich dagegen andere, mit der Erlaubnis zum Handeln empfing. Wurde ihm diese verweigert oder stieß er auf unwürdige, gewaltsame Begegnung, standen ihm Widerstandsmittel zu Gebote. Er unternahm seine Reisen mit einer Anzahl Gefährten seines Standes und einer großen Menge untergeordneten Gefolges, die zum Fortschaffen der Güter gebraucht wurde. Die gewöhnliche Ladung für einen Mann waren fünfzig bis sechzig Pfund. Der ganze Handelsreisezug ging bewaffnet und war so gut gegen plötzliche feindliche Überfälle verwahrt, dass er sich nötigenfalls wohl verteidigen konnte, bis er Verstärkung von Hause erhielt. Es ereignete sich einmal, dass ein Haufe dieser kriegerischen Handelsleute eine Belagerung von vier Jahren in der Stadt Ayotlan aushielt, die er zuletzt von dem Feinde eroberte. Ihre eigene Regierung war indes stets sogleich bereit, deshalb einen Krieg anzufangen, weil sie darin einen sehr passenden Vorwand sah, das mexikanische Reich zu vergrößern. Es war nichts Ungewöhnliches, den Kaufleuten selbst die Aushebung von Truppen zu gestatten, die dann unter ihren Befehl gestellt wurden, überdies war es ganz gebräuchlich, dass der Landesfürst die Kaufleute als eine Art von Kundschafter gebrauchte, um ihn mit Staatsnachrichten aus den Ländern, durch welche sie reisten, zu versehen, sowie ihn von der Stimmung der Einwohner gegen ihn zu unterrichten. Auf diese Weise war ihr Wirkungskreis weit größer als der eines einfachen Handeltreibenden, und sie erlangten im Staatswesen bedeutendes Ansehen. Es war ihnen erlaubt, eigene Abzeichen und Inschriften anzunehmen. Mehrere von ihnen bildeten zusammen, was die spanischen Schriftsteller einen Schatzrat nennen; wenigstens war dies in Tezcuco der Fall. Sie wurden häufig vom König zu Rate gezogen, der einige von ihnen beständig in seiner Umgebung hatte; er redete sie immer mit „Oheim" an, was sehr an das *primo* oder „Vetter" erinnert, womit ein spanischer Grande von seinem Landesherrn begrüßt wird. Sie durften ihre eigenen Gerichtshöfe halten, bei welchen bürgerliche und peinliche Rechtsfälle, selbst Todesverbrechen nicht ausgenommen, entschieden wurden, so dass sie gleichsam eine unabhängige Gemeinde unter sich bildeten. Und da ihr vielfältiger Verkehr ihnen große Reichtümer erwarb, genossen sie viele der wesentlichsten Vorteile eines erblichen Adelsstandes.

Dass der Gewerbestand sich als der Weg zu hohen Staatsbeförderungen in einem nur teilweise gebildeten Volke erweisen sollte, bei dem der Krieger- und Priesterstand gewöhnlich die einzig achtunggebietenden sind, muss wirklich als eine Ausnahme von der Regel in der Geschichte betrachtet werden. Es bildet einen Gegensatz zu dem in den verfeinerten Königreichen der alten Welt allgemein geltenden Herkommen, wonach ein Mann vom Stand sich weniger herabwürdigen soll durch ein Leben müßiger Bequemlichkeit und leichtfertiger Vergnügungen als durch jene tätigen Bestrebungen, die ebensowohl das Gedeihen des Staates wie das der einzelnen Menschen fördern. Wenn die Bildung auch manche Vorurteile berichtigt, so muss man dagegen auch zugeben, dass sie deren neue schafft.

Wir werden uns eine bessere Vorstellung von der wirklichen Verfeinerung der Eingeborenen machen können, wenn wir in ihr häusliches Leben eindringen und den Verkehr zwischen den verschiedenen Geschlechtern beobachten. Glücklicherweise besitzen wir die Mittel dazu. Wir sehen darin den wilden Azteken sich häufig ganz so gefühlvoll zeigen, wie eine gebildete Natur; wir sehen ihn seine Freunde in Trübsal trösten oder sich mit ihnen bei glücklichen Ereignissen freuen, wie bei Gelegenheit einer Verheiratung, der Geburt oder Taufe eines Kindes, wobei er seine Besuche pünktlich abstattete und Geschenke an kostbaren Kleidern und Schmucksachen oder einfachere Gaben an Blumen darbrachte, die seine Teilnahme ebenfalls bezeichneten. Zu jenen Zeiten waren Besuche zwar nach all den strengen Regeln morgenländischer Höflichkeit vorgeschrieben, aber auch von Ausdrücken der herzlichsten und liebevollsten Achtung begleitet.

Die Erziehung der Kinder, besonders in den öffentlichen Schulen, war, wie schon in einem früheren Kapitel bemerkt, äußerst streng. Doch wenn das aztekische Mädchen zu einem reiferen Alter gelangt war, wurde sie von ihren Eltern mit einer Zärtlichkeit behandelt, bei der jede Zurückhaltung verbannt war.

Sie beschworen die Tochter, zur Zeit, wenn sie ins Leben eintreten sollte, Einfachheit im Benehmen und in der Unterhaltung zu bewahren, gleichmäßige Zierlichkeit in ihrer Kleidung, bei strenger Aufmerksamkeit auf körperliche Reinlichkeit. Sie prägten ihr Bescheidenheit als die große Zierde einer Frau ein, nebst uneingeschränkter Achtung vor ihrem Mann; sie milderten ihre Ermahnungen durch solche zärtliche Beinamen, die von der Fülle ihrer elterlichen Liebe zeugten.

Vielweiberei war bei den Mexikanern erlaubt, beschränkte sich aber wahrscheinlich auf die reicheren Klassen. Und die Verpflichtungen des Ehegelübdes, das mit aller Förmlichkeit eines religiösen Gebrauchs geleistet ward, wurden vollständig anerkannt und beiden Teilen eingeschärft. Die aztekischen Frauen werden von den Spaniern als hübsch beschrieben, ihren unglücklichen Nachkommen heutigentags unähnlich, doch mit der nämlichen ernsten, fast schwermütigen Gesichtsbildung. Ihr langes, schwarzes Haar, in einigen Teilen des Landes mit einem feinen, aus *pita* gewebten Schleier bedeckt, sah man in der Regel mit Blumen oder, bei den reicheren Leuten, mit Schnüren von Edelsteinen und Perlen aus dem Meerbusen von Kalifornien durchflochten. Sie scheinen von ihren Männern mit großer Achtung behandelt worden zu sein und verbrachten ihre Zeit in träger Ruhe oder mit weiblichen Arbeiten, als Spinnen, Sticken und dergleichen, während ihre Jungfrauen sich die Stunden durch Erzählungen von überlieferten Geschichten und durch Tanzgesänge verkürzten.

Die Weiber nahmen, gleich den Männern, teil an gesellschaftlichen Festen und Unterhaltungen. Diese fanden oft nach einem großen Maßstab statt, sowohl in Rücksicht auf die Anzahl der Gäste als auf die Kostspieligkeit der Anordnungen. Zahlreiche Dienerschaft beiderlei Geschlechts hatte bei den Gelagen die Aufwartung. Die Hallen waren mit Wohlgerüchen durchräuchert und die Höfe mit duftenden Blumen und Kräutern bestreut, die in Menge unter die Gäste bei ihrer Ankunft verteilt wurden. Es wurden baumwollene Handtücher und Wasserkannen vor ihnen hingestellt, sobald sie ihre Sitze am Tische eingenommen hatten; denn der ehrwürdige Gebrauch des Waschens vor und nach dem Essen wurde von den Azteken pünktlich beobachtet. Alsdann wurde der Gesellschaft Tabak, mit wohlriechenden Stoffen vermischt, gereicht, in Pfeifen, oder in der Form von Zigarren, in Röhren aus Schildkrötenschale oder Silber gesteckt. Sie drückten die Nasenlöcher mit den Fingern zu, während sie den Rauch einatmeten, den sie häufig verschluckten. Ob den Frauen, die bei Tische getrennt von den Männern saßen, der Gebrauch dieses duftenden Unkrautes, wie in den gebildeten Kreisen des neueren Mexiko, erlaubt war, sagt man uns nicht. Es ist eine merkwürdige Tatsache, dass die Azteken auch das getrocknete Blatt in Pulverform als Schnupftabak brauchten.

Die Tafel war mit nahrhaften Speisen, besonders Wildbret, gut versorgt, worunter der Truthahn das vorzüglichste war; dieser kam nicht ursprünglich, wie man nach dem Namen irrigerweise voraussetzt[21], aus dem Morgenland. Neben diesen kräftigeren Gerichten gab es andere aus Pflanzenstoffen und Früchten von allen den köstlichen Arten, die auf dem nordamerikanischen Festland

---

2 Im Englischen heißt Truthahn „turkey".

zu finden sind. Die mannigfachen Fleischarten wurden auf verschiedene Weise mit trefflichen Brühen und Gewürzen zubereitet, die die Mexikaner sehr liebten. Ihre Gaumen wurden noch außerdem durch Eingemachtes und Backwerk gekitzelt, wozu ihr Maisteig und Zucker hinreichende Stoffe lieferte. Noch ein anderes Gericht, ekelhafter Art, wurde auch zuweilen bei ihren Festen gereicht, besonders wenn die Feier einen religiösen Charakter hatte. Bei solchen Gelegenheiten wurde ein Sklave geopfert, und sein sorgfältig zubereitetes Fleisch bildete eine der Hauptzierden des Mahls. Menschenfresserei, nach Art der Feinschmeckerkunst betrieben, wird dadurch noch empörender.

Die Speisen wurden durch Wärmschüsseln warm gehalten. Silberne und zuweilen goldene Schmuckgefäße von sauberer Arbeit dienten zur Verzierung der Tafel. Trinkschalen und Löffel waren aus denselben kostbaren Metallen und auch aus Schildpatt angefertigt. Das Lieblingsgetränk war *chocolatl*, die man durch Vanille und andere Gewürze wohlschmeckend machte. Sie verstanden den Schaum darauf auf eine Weise zu bereiten, dass er beinahe fest genug wurde, um gegessen zu werden; sie genossen ihn kalt. Der gegorene Saft des *maguey*, mit einer sauersüßen Mischung, gewährte auch verschiedenartige Getränke von mancherlei Stärkegraden und bildete das Hauptgetränk des älteren Teiles einer Gesellschaft.

Sobald ihre Mahlzeit zu Ende war, standen die jungen Leute vom Tische auf, um die Festlichkeiten mit Tanz zu beschließen. Sie tanzten anmutig nach dem Klang verschiedener Tonwerkzeuge, indem sie ihre Bewegungen mit Gesängen von fröhlicher, zuweilen auch klagender Natur begleiteten. Die älteren Gäste blieben bei Tische, schlürften *pulque* und schwatzten über alte Zeiten, bis die Kräfte des erheiternden Getränks sie in fröhliche Stimmung versetzten. Trunkenheit war bei diesem Teile der Gesellschaft nichts Seltenes und, was sonderbar ist, wurde bei ihnen entschuldigt, dagegen bei den Jüngeren streng bestraft. Die Festlichkeit wurde durch eine freigebige Verteilung reicher Kleidungsstücke und Schmucksachen unter die Gäste beschlossen; wenn sie nach Mitternacht fortgingen, „lobten einige das Fest und andere tadelten den schlechten Geschmack oder die Verschwendung ihres Wirtes; ganz so", sagt ein alter spanischer Schriftsteller, „wie bei uns". Die menschliche Natur ist in der Tat in der ganzen Welt ziemlich dieselbe.

In diesem merkwürdigen Sittengemälde, das ich den Urkunden der frühesten Zeit nach der Eroberung treulich entnommen habe, finden wir keine Ähnlichkeit mit den anderen Stämmen der nordamerikanischen Indianer, wohl aber einige mit der üppigen und prachtliebenden Lebensart der Asiaten. Aber in Asien ist das Weib, weit entfernt, dass ihm uneingeschränkter Verkehr mit dem männlichen Geschlecht gestattet wäre, nur zu oft innerhalb der Mauern des Harems eifersüchtig eingeschlossen. Die europäische Bildung, die diesem lieblichsten Teile der Schöpfung den gebührenden Rang auf der gesellschaftlichen Stufenleiter einräumt, ist also noch weiter entfernt von einigen der rohen Gebräuche der Azteken. Dass solche Gebräuche neben dem Grad von Verfeinerung, den sie in anderen Dingen zeigten, bestanden haben sollten, ist fast unbegreiflich. Es kann nur als die Frucht des Aberglaubens erklärt werden, des

Mexiko-Stadt - Palacio Nacional. Wandmalerei von Diego Rivera, die das Leben in aztekischen Zeiten zeigt, z.B. religiöses Leben in Tenochtitlan.

Aberglaubens, der das geistige Erkenntnisvermögen umwölkt und selbst die natürlichen Sinne verführt, bis der Mensch, selbst der gebildete, sich an solche Dinge gewöhnt, die das menschliche Gefühl am meisten empören. Auf Religion gegründete Gewohnheiten und Meinungen müssen nicht als entscheidende Beweise für die wirklich höhere Bildung eines Volkes betrachtet werden.

Der Charakter der Azteken war durchaus ursprünglich und einzig in seiner Art. Er war aus offenbar unverträglichen Widersprüchen zusammengesetzt. Er vereinigte in sich die auffallenden Eigentümlichkeiten verschiedener Völker, nicht nur von demselben Bildungsgrade, sondern so weit voneinander abstehend, wie die äußerste Rohheit und die feinste Bildung. Ein passender Vergleich dürfte sich in ihrem wunderbaren Himmelsstriche finden lassen, der auf den Raum weniger Geviert-Leguas die grenzenlose Mannigfaltigkeit von Pflanzenformen zu erzeugen fähig ist, die den eisigen Gegenden des Nordens, der gemäßigten Zone Europas und dem brennenden Himmel Arabiens und Hindustans angehören!

DAS GOLDENE ZEITALTER DER TEZCUCANER

Die Tezcucaner. — Prinz Nezhualcoyotl. — Das tezcucanische Gesetzbuch.
— Rat der Musik. — Geschmack in geistigen Dingen. — Palast, Gärten
Und Landhäuser Nezahualcoyotls. — Prachtvolle Bauten und Bäder. —
Vermählung des Herrschers. — Sein Tod

Der Leser würde nur eine unvollkommene Kenntnis von der Bildung Anahuacs erhalten ohne eine Schilderung der Acolhuaner oder Tezcucaner, wie sie gewöhnlich genannt werden; eines Volkes von der nämlichen großen Familie wie die Azteken, mit denen sie an Macht wetteiferten und die sie an Verstandesbildung und Künsten der geselligen Verfeinerung übertrafen. Glücklicherweise besitzen wir reichlichen Stoff dazu in den von Ixtlilxochitl hinterlassenen Schriften, einem unmittelbaren Nachkommen des tezcucanischen Königsgeschlechtes, der im Jahrhundert der Eroberung blühte. Mit jeder Gelegenheit, sich zu belehren, verband er viel Fleiß und Fähigkeit, und wenn seine Erzählung die glänzende Farbengebung eines Mannes an sich hat, der den dahingeschwundenen Ruhm eines alten, aber in Trümmer gesunkenen Hauses wieder beleben möchte, so hat man ihn doch allgemein wegen seiner Offenheit und Rechtlichkeit gelobt, und es haben die spanischen Schriftsteller, denen seine Handschriften zugänglich gewesen sind, sich ohne Misstrauen von ihm leiten lassen. Ich werde mich auf die hervorstechendsten Züge der beiden Regierungen beschränken, von denen man sagen kann, dass sie das goldene Zeitalter Tezcucos umfassen; ohne jedoch zu versuchen, die Wahrscheinlichkeit der Einzelheiten zu prüfen, deren Feststellung ich dem Leser, nach dem Maße seines Glaubens, überlassen will.

Die Acolhuaner kamen, wie wir gesehen haben, gegen das Ende des zwölften Jahrhunderts in das Tal und bauten ihre Hauptstadt Tezcuco an den östlichen Grenzen des Sees, Mexiko gegenüber. Von diesem Punkte aus verbreiteten sie sich nach und nach über den nördlichen Teil von Anahuac, bis sie in ihrer Laufbahn durch einen Einfall eines verwandten Stammes, der Tepaneken, aufgehalten wurden, denen es nach einem verzweifelten Kampfe gelang, ihre Stadt zu erobern, ihren König zu erschlagen und sein Reich gänzlich zu unterjochen. Dies ereignete sich um das Jahr 1418, und der junge Prinz Nezahualcoyotl, der Thronerbe, damals achtzehn Jahre alt, sah seinen Vater vor seinen Augen niedermetzeln, während er selbst unter den schützenden Zweigen eines Baumes, der den Ort beschattete, verborgen lag. Seine darauf folgende Geschichte ist so voll von abenteuerlichen Wagnissen und mancher gefahrvollen Flucht, wie die des bekannten Skanderbeg oder des „jungen Chevaliers".

Nicht lange nach seiner Flucht von dem Felde, worauf seines Vaters Blut geflossen war, fiel der tezcucanische Prinz seinem Feinde in die Hände, wurde frohlockend nach seiner Stadt entführt und in einen Kerker geworfen. Es gelang ihm indes durch die Nachsicht des Befehlshabers der Festung, eines alten Dieners seiner Familie, zu entfliehen, der die Stelle des königlichen Flüchtlings einnahm und mit seinem Leben für seine Ergebenheit büßte. Endlich wurde ihm, auf Verwendung der königlichen Familie in Mexiko, die mit ihm verwandt war, erlaubt, sich nach dieser Hauptstadt und später nach seiner eigenen zurückzuziehen, wo er im Palast seiner Vorfahren ein Obdach fand.

Hier blieb er acht Jahre hindurch unbelästigt, indem er seine wissenschaftlichen Beschäftigungen unter einem alten Lehrer fortsetzte, der in seiner frühesten Jugend mit seiner Erziehung beauftragt gewesen war und ihn in den verschiedenen, seinem fürstlichen Stande angemessenen Gegenständen unterrichtete.

Zu Ende dieses Zeitraumes starb der tepanekische Thronräuber und vermachte sein Reich seinem Sohn Maxtla, einem Menschen von stolzer und argwöhnischer Gemütsart. Nezahualcoyotl eilte, ihm bei seiner Thronbesteigung seine Huldigung zu bezeigen. Aber der Zwingherr verweigerte die Annahme eines kleinen Geschenkes an Blumen, das er ihm zu Füßen legte, und kehrte ihm, in Gegenwart seiner Häuptlinge, den Rücken. Einer aus seinem Gefolge, der dem jungen Prinzen zugetan war, riet ihm, für seine Sicherheit zu sorgen und so schnell als möglich den Palast zu verbissen, wo seinem Leben Gefahr drohe. Er säumte daher nicht, sieh von dem ungastfreundlichen Hofe zurückzuziehen und nach Tezcuco zurückzukehren. Maxtla indes war entschlossen, ihn zu vernichten. Er blickte mit eifersüchtigem Auge auf die sich entfallenden Fähigkeiten und das gefällige Benehmen seines Nebenbuhlers sowie auf die Gunst, die er täglich mehr bei seinen ehemaligen Untertanen gewann.

Er entwarf daher einen Plan, ihn bei einer Abendunterhaltung aus dem Weg zu räumen. Dieser wurde durch die Wachsamkeit des Lehrers des Prinzen vereitelt, der ein Mittel ersann, die Meuchelmörder zu täuschen und ein anderes Schlachtopfer für seinen Schützling unterzuschieben. Nun warf der verhöhnte Wüterich jede Verstellung ab und sandte eine starke Truppenmacht nach Tezcuco, mit dem Auftrage, in den Palast zu dringen, sich der Person Nezahualcoyotls zu bemächtigen und ihn auf der Stelle zu töten. Der Prinz, der, vermittels der Wachsamkeit seines Lehrers, Nachricht von dem Anschläge erhielt, entschloss sich, statt zu fliehen, wie ihm geraten wurde, seinen Feind zu erwarten. Sie fanden ihn bei ihrer Ankunft im Hofe seines Palastes Ball spielend. Er empfing sie höflich und lud sie hinein, einige Erfrischungen nach der Reise anzunehmen. Während sie auf diese Weise beschäftigt waren, ging er in einen anstoßenden Saal, was keinen Argwohn erregte, da er durch die offenen Türen, durch die beide Gemächer in Verbindung standen, noch sichtbar war. Im Durchgänge stand eine glühende Kohlenpfanne, und da diese von der Dienerschaft mit Brennstoff genährt wurde, verbreitete sie solche Wolken von Räucherwerk, dass diese seine Bewegungen vor den Kriegern verbargen. Unter diesem wohltätigen Schleier gelang es ihm, seine Flucht durch einen geheimen Ausgang zu bewerkstelligen, der mit einer großen irdenen Röhre in Verbindung stand, die früher eine Wasserleitung für den Palast gebildet hatte. Hier blieb er bis zur einbrechenden Nacht, wo er dann, die Dunkelheit benützend, seinen Weg nach den Vorstädten fand, und in die Hütte eines Dienstmannes seines Vaters ein Obdach suchte.

Der Herrscher von Tepanec, wütend über dieses wiederholte Misslingen, befahl, ihn augenblicklich zu verfolgen. Es wurde ein Preis auf den Kopf des königlichen Flüchtlings gesetzt. Jedem, der ihn lebend oder tot ergriffe, wurde, wie niederen Standes er auch sei, die Hand einer vornehmen Dame und mit derselben ein großer Landbesitz versprochen. Bewaffnete Haufen mussten das Land in jeder Richtung durchstreifen. Bei einer solchen Durchsuchung drangen sie auch in die Hütte, in welcher der Prinz Schutz gefunden hatte. Aber glücklicherweise entging er der Entdeckung dadurch, dass er unter einem Haufen Maguey-Fasern versteckt war, deren man sich zum Tuchweben bediente. Da dieser Ort nun nicht länger geeignet war, ihn zu verbergen, suchte er sich eine Zufluchtstätte in dem bergigen und waldigen Bezirke, der zwischen den Grenzen seines eigenen Staates und Tlascalas lag.

Hier führte er ein elendes, herumziehendes Leben, jeder rauen Witterung ausgesetzt, indem er sich in dickes Gebüsch und Höhlen verbarg und sich nachts zur Stillung seines Hungers herausstahl, während er durch die Tätigkeit seiner Verfolger, die seine Spur umschwärmten, in beständiger Unruhe gehalten wurde. Bei einer Gelegenheit suchte er Schutz vor ihnen unter einer kleinen Schar von Kriegern, die sich ihm freundlich erwiesen und ihn in einer großen Trommel versteckten, um welche sie herumtanzten. Ein anderes Mal wollte er soeben den Kamm eines Berges überschreiten, als seine Feinde diesen von der andern Seite erklimmten, wo er dann ein Mädchen traf, das *chian* schnitt — eine mexikanische Pflanze, aus deren Samen häufig Getränke im Lande bereitet wurden. Er bewog sie, ihn mit den Stängeln, die sie eben geschnitten hatte, zu bedecken. Als nun seine Verfolger heraufkamen und sie fragten, ob sie den Flüchtling gesehen, antwortete das Mädchen ruhig: „ja" und bezeichnete einen Weg, den er genommen habe. Trotz der hohen ausgesetzten Belohnung scheint Nezahualcoyotl keinen Verrat zu fürchten gehabt zu haben, so groß war die allgemeine Anhänglichkeit für ihn und sein Haus. „Würdest du nicht den Prinzen ausliefern, wenn du ihn träfst?" fragte er einen jungen Bauern, der ihn kannte. „Nein", erwiderte dieser. „Was, nicht gegen die Hand einer schönen Frau und eine reiche Mitgift dazu?" fragte der Prinz; worauf der andere nur den Kopf schüttelte und lachte. Bei mehr als einer Gelegenheit setzte sich sein treues Volk lieber der Folter, ja selbst dem Verlust des Lebens aus, als den Ort seines Verstecks zu verraten.

Wie angenehm auch solche Beweise von Untertanentreue seinem Gefühle gewesen, so wurde die Lage des Prinzen in diesen bergigen Einöden doch täglich trauriger. Seine eigenen Leiden wurden noch mehr dadurch verschärft, dass er Zeuge von denen der treuen Anhänger sein musste, die aus eigener Wahl ihn auf seinen Wanderungen begleiteten, „überlasst mich meinem eigenen Schicksal!" pflegte er ihnen zu sagen. „Warum solltet ihr euer Leben für jemand wagen, den zu verfolgen das Schicksal niemals müde wird?" Die meisten der großen tezcucanischen Häuptlinge hatten durch ein zeitiges Anhangen an den Zwingherrn ihren Vorteil wahrgenommen. Aber einige hielten noch treu zu ihrem Fürsten, indem sie lieber Verbannung, ja selbst den Tod leiden, als ihn in seiner Not verlassen wollten.

Während der Zeit waren seine Freunde in der Entfernung tätig um Mittel zu seiner Rettung bemüht. Die Bedrückungen Maxtlas und das Anwachsen seines

Reiches hatten allgemeine Unruhe in den umliegenden Staaten erregt, und diese riefen sich die milde Regierung der tezcucanischen Fürsten ins Gedächtnis zurück. Es wurde ein Bündnis gestiftet, man vereinigte sich über einen Unternehmungsplan, und an dem zum allgemeinen Aufstand bestimmten Tage befand sich Nezahualcoyotl an der Spitze einer hinreichend starken Kriegsmacht, um sich seinen tepanekischen Gegnern gegenüberzustellen. Es fand ein Treffen statt, worin die Letzteren gänzlich geschlagen wurden, und der siegreiche Prinz, der überall auf seinem Wege die Huldigung seiner erfreuten Untertanen empfing, zog in seine Hauptstadt ein, nicht wie ein geächteter Verbannter, sondern wie der rechtmäßige Erbe, und wurde in den Hallen seiner Väter zum zweiten Male auf den Thron erhoben.

Bald darauf vereinigte er seine Streitkräfte mit denen der Mexikaner, die schon lange des willkürlichen Verfahrens Maxtlas überdrüssig waren. Die vereinten Mächte jagten den Zwingherrn nach einer Reihe blutiger Treffen unter die Wälle seiner eigenen Hauptstadt. Er floh nach den Bädern, aus denen er gezogen und dann mit den gewöhnlichen grausamen Förmlichkeiten der Azteken geopfert ward; die königliche Stadt Azcapuzalco wurde dem Erdboden gleich gemacht und das verwüstete Stadtgebiet von der Zeit an zum großen Sklavenmarkt für die Völker Anahuacs bestimmt.

Auf diese Ereignisse folgte das merkwürdige Bündnis der drei Mächte Tezcuco, Mexiko und Tlacopan, von dem schon in einem früheren Kapitel einiges berichtet worden ist. Die Geschichtsschreiber sind über die genauen Bedingungen desselben nicht einig. Von den Schriftstellern der beiden ersteren Völker besteht ein jeder auf das überwiegende Ansehen des seinigen in dem Bündnisse. Alle stimmen in der untergeordneten Stellung von Tlacopan überein, einem Staate, der gleich den anderen an den See grenzte. Gewiss ist, dass bei ihren späteren Verrichtungen, sowohl im Kriege als im Frieden, die drei Staaten untereinander berieten, ein jeder an des andern Unternehmungen Anteil nahm und in vollkommener Übereinstimmung miteinander handelten bis kurz vor der Ankunft der Spanier.

Die erste Maßregel Nezahualcoyotl's bei seiner Rückkehr in seine Staaten war eine allgemeine Begnadigung. Es war sein Grundsatz, „dass ein König strafen möge, Rache aber seiner unwürdig sei". Im gegenwärtigen Falle war ihm selbst das Strafen zuwider, und er verzieh nicht nur seinen aufrührerischen Edelleuten, sondern verlieh einigen, die ihn aufs tiefste gekränkt hatten, Ehren- und Vertrauensämter. Ein solches Benehmen war ohne Zweifel klug, besonders weil ihre Abtrünnigkeit wahrscheinlich mehr aus Furcht vor dem Zwingherrn als aus Abneigung gegen ihn selbst erfolgt war. Aber es gibt einige Handlungen der Staatsklugheit, die nur ein edelmütiger Geist vollbringen kann.

Der wiedereingesetzte König war zunächst darauf bedacht, den aus der letzten schlechten Regierung entstandenen Schaden wieder gutzumachen und die verschiedenen Verwaltungszweige neu zu beleben oder vielmehr umzuschaffen. Er bildete eine gedrängte, aber umfassende Gesetzsammlung, die den Bedürfnissen der Zeit so ganz angemessen erschien, dass sie von den beiden anderen Gliedern des dreifachen Bündnisses als ihre, eigene angenommen wurde.

DAS GOLDENE ZEITALTER DER TEZCUCANER

Sie war mit Blut geschrieben und erwarb dem Verfasser eher den Anspruch auf den Namen des Diakon als des „Solon von Anahuac", wie ihn seine Bewunderer schmeichelhaft bezeichnen. Menschlichkeit ist eine der schönsten Früchte der Verfeinerung. Nur mit der zunehmenden Bildung lernt der Gesetzgeber, mit den menschlichen Leiden, selbst für die Schuldigen, sparsam zu sein; Strafen zu ersinnen, nicht so sehr als Bestrafung für das Vergangene, sondern als Besserung für die Zukunft.

Er verteilte die Last der Regierung unter eine Anzahl von Behörden, so einen Rat für den Krieg, einen für die Staatsgelder, einen für die Rechtspflege. Dieser letztere war ein Gerichtshof vom höchsten Ansehen, sowohl in bürgerlichen wie in peinlichen Fällen, an den Berufungen von den unteren Landschaftsgerichten stattfanden, die verpflichtet waren, alle vier Monate oder achtzig Tage einen ausführlichen Bericht über ihre Verhandlungen an jenen höheren Gerichtshof abzustatten. In allen diesen Körperschaften hatte eine gewisse Anzahl von Bürgern Sitz und Stimme neben den Großen und den hohen Beamten von Fach. Es gab aber noch eine andere Behörde, einen Staatsrat, der höchsten Rangstufe der Häuptlinge entnommen, zum Beistände des Königs bei Leitung der Geschäfte, und zu seinem Rate in wichtigen Angelegenheiten. Er bestand aus vierzehn Mitgliedern; für sie waren Plätze an der königlichen Tafel vorbehalten.

Endlich gab es auch noch einen außerordentlichen Richterstuhl, der Rat der Musik genannt, der aber, nicht im Einklang mit seiner Benennung, zur Aufmunterung der Künste und Wissenschaften bestimmt war. Werke über Sternkunde, Zeitrechnung, Geschichte oder irgendeine andere Wissenschaft mussten seiner Beurteilung vorgelegt werden, ehe sie erscheinen durften. Diese beurteilende Macht war von einiger Wichtigkeit, wenigstens für das geschichtliche Fach, worin die vorsätzliche Verdrehung der Wahrheit im blutigen Gesetzbuch Nezahualcoyotl's ein todeswürdiges Verbrechen war. Doch müsste ein tezcucanischer Schriftsteller ein Stümper gewesen sein, der unter dem dichten Schleier der Bilderschrift nicht hätte der Überführung entgehen können. Diese Körperschaft, die aus den bestunterrichteten Leuten des Königreiches, ohne Rücksicht auf Rang, zusammengesetzt war, hatte die obere Aufsicht über alle Erzeugnisse der Kunst und der feineren Gewerbe. Sie entschied über die Befähigungen der öffentlichen Lehrer der verschiedenen Zweige der Wissenschaften, über die Gewissenhaftigkeit, womit sie ihre Schüler unterrichteten, deren Mangel streng bestraft wurde; auch veranstaltete sie Prüfungen der Letzteren. Kurz, sie war eine allgemeine Erziehungsanstalt für das Land. An bestimmten Tagen wurden in ihrer Gegenwart geschichtliche Aufsätze und Gedichte über Fragen der Sittlichkeit oder Gegenstände der Sage von den Verfassern vorgetragen. Es war für Plätze für die drei gekrönten Häupter des Reiches gesorgt, die mit den anderen Mitgliedern über die Verdienste der einzelnen Stücke beratschlagten und wertvolle Preise unter die glücklichen Bewerber verteilten.

Dies sind die wunderbaren Berichte, die uns von dieser Einrichtung überkommen sind; einer Einrichtung, die man bei den Uramerikanern gewiss nicht vermutet hätte. Sie ist ganz dazu geeignet, uns einen höheren Begriff von der

Teotihuacan, Zitadelle, Quetzalcoatl-Tempel

Verfeinerung des Volkes zu geben als selbst die edlen übriggebliebenen Bauwerke, die noch in einigen Teilen des Festlandes vorhanden sind. Die Baukunst
ist gewissermaßen ein sinnlicher Genuss. Sie richtet sich an das Auge und gewährt den besten Spielraum, rohen Prunk und Glanz zu entfalten. Sie ist die
Form, unter der die Staatsgelder eines halbgebildeten Volkes auf die gefälligste
Weise verschwendet werden. Die glänzendsten und prunkendsten Proben derselben, und zuweilen auch die staunenswertesten, rühren von solchen Händen
her. Sie ist einer der ersten Schritte auf dem großen Bildungsgang. Aber die erwähnte Einrichtung war ein Beweis von noch größerer Verfeinerung. Sie war
eine wissenschaftliche Üppigkeit und verriet das Vorhandensein eines Geschmacks beim Volke, der zu seiner Befriedigung auf Genüssen rein geistiger
Art beruhte.

Der Einfluss dieser wissenschaftlichen Behörde muss sehr heilsam für die
Hauptstadt gewesen sein, die zu einer Pflanzschule nicht nur für solche Wissenschaften wurde, die innerhalb der Grenzen des Gelehrtenstandes damaliger Zeit
lagen, sondern auch für verschiedene zum Nutzen undzur Ausschmückung ge-
reichende Künste. Ihre Geschichtsschreiber, Redner und Dichter waren im ganzen Lande berühmt. Ihre Urkundensammlungen, denen man Räumlichkeiten im
königlichen Palast eingerichtet hatte, waren angefüllt mit Urkunden aus den
frühesten Zeitaltern. Ihre Mundart, feiner als die mexikanische, war in der Tat
die reinste von allen nahuatlac'schen, und blieb noch lange nach der Eroberung
diejenige, worin die besten Geisteswerke der eingeborenen Stämme verfasst
wurden. Tezcuco machte auf den Ruhm Anspruch, das Athen der westlichen
Welt zu sein.

Tonfigur, Yucatan

Zu den berühmtesten ihrer Dichter gehörte der Kaiser selbst, — denn die tezcucanischen Schriftsteller nehmen diesen Titel für ihren Landesherrn als Oberhaupt des Reichsbündnisses in Anspruch. Er erschien ohne Zweifel als ein Mitbewerber vor derselben wissenschaftlichen Behörde, bei welcher er so oft seinen Sitz als Kunstrichter einnahm. Viele seiner Hochgesänge vererbten sich auf späte Geschlechter und liegen vielleicht noch jetzt in irgendeinem staubigen Schriftbehälter Mexikos oder Spaniens aufbewahrt. Der Geschichtsschreiber Ixtlilxochitl hat eine Übersetzung ins Kastilische von einem der Gedichte seines königlichen Vorfahren hinterlassen. Es ist nicht leicht, seine Übersetzung in entsprechenden englischen Versen wiederzugeben, ohne in dieser doppelten Bearbeitung den süßen Duft der Urschrift entweichen zu lassen. Sie erinnern an die reichen Ergüsse der spanisch-arabischen Dichtung, in der eine feurige Einbildungskraft durch eine nicht unangenehme und fromme Schwermut gemildert wird. Aber, obgleich die Schreibart blühend genug ist, so sind sie doch im allgemeinen frei von den üppigen Bildern und Ausschmückungen, die der Sängerschaft des Morgenlandes eigen zu sein pflegt. Sie drehen sich um die Eitelkeit und Veränderlichkeit des menschlichen Lebens; ein Gegenstand, der sehr erklärlich bei einem König ist, der selbst die auffallendsten Schicksalswechsel erfahren hatte. In die Klagen des tezcucanischen Dichters mischt sich indes eine epikureische Weltweisheit, die in den Freuden der Gegenwart Hilfe gegen die Furcht vor der Zukunft sucht. „Verbanne die Sorge", sagt er; „gibt es Grenzen für die Lust, so muss auch das traurigste Leben ein Ende haben. So winde denn Blumenkränze, und stimme Deine Gesänge zum Lobe des allmächtigen Gottes an; denn der Glanz dieser Welt schwindet bald dahin. Freue Dich über die grüne Frische Deines Frühlings; denn der Tag wird kommen, wo du vergebens nach diesen Freuden seufzen wirst; wann das Zepter aus Deinen Händen in andere übergeht, dann. werden Deine Diener einsam in Deinen Höfen umherwandeln, Deine Söhne und die Söhne Deiner Edlen die Becher der Trübsal trinken, und aller Glanz Deiner Siege und Siegesgepränge nur noch in ihrer Erinnerung leben. Aber das Andenken an den Gerechten wird nicht erlöschen bei den Völkern, und das Gute, das Du getan, wird stets in Ehren gehalten werden. Die Güter dieses Lebens, sein Glanz und seine Reichtümer sind uns nur geliehen, sein Wesen ist nur ein täuschender Schatten, und die Dinge von heute werden mit dem nächsten Morgen sich ändern. So sammle denn die schönsten Blumen aus Deinen Gärten, bekränze, Deine Stirn damit, und ergreife die Freuden der Gegenwart, ehe sie entfliehen."

Tongefäß mit dem Gesicht des aztekischen Regengottes Tlaloi

Aber der tezcucanische König verbrachte alle seine Zeit weder in müßiger Tändelei mit den Musen, noch mit ernsten Betrachtungen der Weltweisheit, wie in seiner späteren Zeit. In der Jugendfrische und dem früheren Mannesalter war er Anführer der verbündeten Heere bei ihren jährlichen Unternehmungen, deren Erfolg zur Erweiterung des Reichsgebietes sicher war. In Friedenszeiten pflegte er jene fruchtbaren Künste, die die sichersten Quellen der allgemeinen Wohlfahrt sind. Vor allem ermunterte er den Ackerbau, und es gab kaum einen so rauen Landstrich oder eine so steile Anhöhe, die nicht von der Wirkung des Anbaues gezeugt hätte. Das Land war bedeckt mit einer tätigen Bevölkerung, und Städte und Flecken erhoben sich an Orten, die seitdem verödet oder zu elenden Dörfern herabgesunken sind.

DAS GOLDENE ZEITALTER DER TEZCUCANER

Aus den so durch Eroberung und inländischen Gewerbefleiß vergrößerten Hilfsquellen schöpfte der König die Mittel zur Unterhaltung seines zahlreichen Hofstaates und zu den Bauwerken, die er zur Bequemlichkeit und Verschönerung der Hauptstadt ausführen ließ. Er füllte sie mit prachtvollen Gebäuden für seine Edelleute an, deren beständige Anwesenheit an seinem Hofe er eifrig bemüht war, sich zu sichern. Er errichtete eine prachtvolle Reihe von Gebäuden, die sowohl zu einem königlichen Schloss wie für öffentliche Behörden dienen sollten. Sie erstreckte sich von Osten nach Westen in einer Länge von zwölfhundertvierunddreißig Ellen, und von Norden nach Süden von neunhundertsiebenundachtzig. Sie war von einer Mauer aus ungebrannten Ziegeln und Mörtel umschlossen, die eine Hälfte sechs Fuß dick und neun Fuß hoch, und die andere fünfzehn Fuß hoch. Innerhalb dieser Umschließung lagen zwei Höfe. Der äußere derselben diente der Stadt zu einem großen Marktplatz, und er blieb es noch lange nach der Eroberung, wenn nicht noch bis jetzt. Der innere Hof war von Ratszimmern und Gerichtshallen umgeben. Auch befanden sich darin Einrichtungen für die auswärtigen Gesandten, und ein geräumiger Saal mit anstoßenden Zimmern für Gelehrte und Dichter, die ihre wissenschaftlichen Forschungen in dieser Abgeschiedenheit betrieben, oder zusammenkamen, um unter diesen marmornen Säulenhallen sich miteinander zu unterhalten. In diesen Räumen wurden auch die öffentlichen Urkunden aufbewahrt, denen es unter dem indianischen Herrscherstamm besser erging, als seitdem unter ihren europäischen Nachfolgern.

An diesen Hof stießen die Gemächer des Königs, mit Inbegriff des königlichen Harems, der ebenso reichlich mit Schönheiten versehen war, wie der eines morgenländischen Sultans. Ihre Wände waren mit Alabaster und schöngefärbtem Marmor ausgelegt, oder mit prächtigen Tapeten von mannigfaltiger Federarbeit behangen. Sie führten durch lange Bogengänge und durch verwickelte Irrwege von Strauchwerk in Gärten, worin Bäder und funkelnde Springquellen von hohen Zedern- und Zypressenhainen beschattet waren. Die Teiche waren mit Fischen aller Art bevölkert und die Vogelhäuser mit Vögeln in dem ganzen glänzenden Gefieder der Wendekreise. Viele Vögel und andere Tiere, die man nicht lebendig erhalten konnte, waren so künstlich in Gold und Silber dargestellt, dass sie den großen Naturforscher Hernandez mit Mustern für sein Werk versorgen konnten.

Fürstlich eingerichtete Wohnungen waren für die Herrscher von Mexiko und Tlacopan bestimmt, wenn sie den Hof besuchten. Das Ganze dieser herrlichen Häuserreihe enthielt dreihundert Gemächer, von denen einige fünfzig Quadratellen groß waren. Die Höhe des Gebäudes ist nicht angegeben, sie ist wahrscheinlich nicht beträchtlich gewesen; es lieferte jedoch den erforderlichen Raum durch die ungeheure Ausdehnung der Bodenfläche, die es einnahm. Das Innere war ohne Zweifel aus leichten Baustoffen zusammengesetzt, besonders aus den reichen Holzarten, die in jenem Lande merkwürdig sind wegen ihres Glanzes und Farbenreichtums, den sie nach der Glättung zeigen. Dass die festeren Baustoffe an Stein und Stuck ebenfalls reichlich verwendet wurden, beweisen die noch heutigentags vorhandenen Überreste; diese haben einen unerschöpflichen Steinbruch zu den Kirchen und anderen seitdem von den Spaniern auf der Stelle der ehemaligen Stadt errichteten Gebäuden geliefert.

Wir haben nicht erfahren, wieviel Zeit der Bau dieses Palastes erfordert hat, aber man sagt, dass 200.000 Arbeitsleute dabei beschäftigt gewesen sein sollen! Wie dem auch sein mag, so ist. doch gewiss, dass den tezcucanischen Königen, gleich den asiatischen und ehemaligen ägyptischen, eine ungeheure Masse von Menschen zu Gebote stand und dass sie zuweilen die ganze Bevölkerung der eroberten Stadt, die Frauen inbegriffen, bei den öffentlichen Bauwerken beschäftigten. Die riesenhaften Denkmäler der Baukunst, die die Welt gesehen hat, würden niemals durch die Hände freier Menschen zustande gekommen sein.

Mit dem Palast hingen Gebäude für die Kinder des Königs zusammen, die sich, von seinen verschiedenen Frauen, auf nicht weniger als sechzig Söhne und fünfzig Töchter beliefen. Daselbst wurden sie in allen Fertigkeiten und Kenntnissen unterrichtet, die ihrem Rang angemessen waren; in diesen waren auch — was schwerlich in einer königlichen Erziehung jenseits des atlantischen Meeres eine Stelle finden würde — die Kunst, in Metall, Edelsteinen und Federmalerei zu arbeiten, inbegriffen. Einmal alle vier Monate versammelte sich der ganze Hofstaat, auch die Jüngsten nicht ausgenommen, mit allen Beamten und der ganzen Dienerschaft des Königs in einem großen Saale des Palastes, um einen Redner, wahrscheinlich einen aus dem Priesterstande, anzuhören. Die Prinzen waren bei dieser Gelegenheit ganz in *nequen,* dem gröbsten Stoffe im Lande, gekleidet. Der Prediger begann damit, sich weitläufig zu äußern über die Pflicht der Tugend und der Achtung vor den Göttern, die besonders wichtig für die Personen sei, deren Rang ihrem Beispiel ein größeres Gewicht gebe. Er würzte bei Gelegenheit seine andächtige Rede mit einer Beziehung auf seine Zuhörerschaft, wenn irgendein Mitglied derselben sich eines offenkundigen Vergehens schuldig gemacht hatte. Von dieser heilsamen Ermahnung war selbst der König nicht ausgeschlossen, und der Redner erinnerte ihn kühn an seine vornehmste Pflicht, Achtung vor seinen eigenen Gesetzen zu zeigen. Der König, weit entfernt, darüber ungehalten zu sein, nahm die Lehre demütig auf, und man versichert uns, dass die Versammlung oft durch die Beredsamkeit des Predigers zu Tränen gerührt wurde. Dieser sonderbare Auftritt erinnert uns an ähnliche Gebräuche in den Gewaltherrschaften Asiens und Ägyptens, wo der Herrscher sich zuweilen herabließ, seine hohe Stellung zu vergessen und zu gestatten, dass die Überzeugung von seiner eigenen Sterblichkeit in seinem Gedächtnis aufgefrischt werde. Es schmeichelte dem Gefühle des Untertans, sich auf diese Weise, wenn auch nur für einen Augenblick, mit dem König gleichgestellt zu sehen; während es dem Letzteren wenig kostete, der seinem Volke viel zu fern stand, um durch diese so kurze Zeit während Vertraulichkeit irgendetwas einzubüßen. Wahrscheinlich würde eine solche Handlung öffentlicher Demütigung von einem weniger unumschränkten Fürsten einen nicht so günstigen Eindruck gemacht haben.

Nezahualcoyotl's Prachtliebe zeigte sich in seinen zahlreichen Landhäusern, die mit allem geschmückt waren, was eine ländliche Einsamkeit reizend

machen konnte. Sein Lieblingsaufenthalt war in Tezcotzinco, einem kegelför-
migen Hügel, ungefähr zwei Leguan von der Hauptstadt entfernt. Er war in
Erdstufen oder hängenden Gärten angelegt, die eine Treppe von fünfhundert-
zwanzig Stufen hatte, deren mehrere in den lebendigen Porphyr eingehauen waren. Im obersten Teile des Gartens befand sich ein Wasserbehälter, der seinen
Zufluss durch eine Wasserleitung erhielt, die mehrere Meilen weil über Hügel
und Tal auf steilen Gewölbestützen von Mauerwerk geführt war. In der Mitte dieses Wasserbeckens stand ein großer Stein, worauf Schriftbilder ausgehau-
en waren, die die Jahre von Nezahualcoyotl's Regierung und seine Haupttaten
in jedem darstellten. Auf einer niedrigeren Fläche befanden sich drei andere
Wasserbehälter, in deren jedem die marmorne Bildsäule einer Frau stand als
Sinnbilder der drei Staaten des Reiches. Ein anderer Teich enthielt einen geflü-
gelten Löwen, aus lebendigem Stein gehauen, der in seinem Rachen das Bild
des Kaisern trug. Sein Ebenbild war in Gold, Holz, Federwerk und Stein ausgeführt gewesen, doch dies war das einzige, das ihm gefiel.

Aus diesen vielen Wasserbecken wurde das Wasser in zahlreichen Röhren
durch die Gärten verteilt, oder es ergoss sich in Wasserfällen über die Felsen
und verbreitete so erfrischenden Tau auf die Blumen und die wohlriechenden
Sträucher unten. In der Tiefe dieser duftenden Wildnis waren marmorne Säulenhallen und Lusthäuser erbaut und Bäder in dem festen Porphyr ausgehöhlt,
die von den unwissenden Eingeborenen noch immer als die „Bäder Montezumas" gezeigt werden! Der Besuchende ging auf Stufen hinab, die ins feste Gestein gehauen und so blank geglättet waren, dass man sich darin spiegeln konnte. Gegen den Fuß des Hügels in der Mitte von Zederhainen, deren riesenhafte
Zweige eine erfrischende Kühle über den Rasen in der schwülsten Jahreszeit
verbreiteten, erhob sich das königliche Landhaus mit seinen leichten Bogengän-
gen und luftigen Hallen, worin man die süßen Düfte der Gärten einatmete.
Dorthin zog sich der Herrscher oft zurück, um die Regierungslasten abzuwerfen
und seinen müden Geist in der Gesellschaft seiner Lieblingsfrauen zu erfri-
schen, indem er während der Mittagshitze in den schattigen Lauben seines Paradieses ausruhte oder sich in der Abendkühle in ihre fröhlichen Spiele und
Tänze mischte. Hier bewirtete er seine Reichsbrüder von Mexiko und Tlacopan,
und überließ sich den männlicheren Freuden der Jagd in den edlen Wäldern, die
sich, blühend in ihrer urweltlichen Pracht, meilenweit um sein Landhaus her-
umzogen. Hier war es auch, wo er in den letzten Tagen seines Lebens oft ver-
weilte, als das Alter seinen Ehrgeiz gemildert und sein hitziges Blut abge-
kühlt hatte, um in der Einsamkeit seine philosophischen Forschungen fortzuset-
zen und durch Nachdenken Weisheit zu sammeln.

Die wunderbaren Erzählungen von der tezcucanischen Baukunst werden
der Hauptsache nach durch die Überreste bestätigt, die noch die Hügel von Tezcotzinco bedecken oder unter der Oberfläche desselben halb begraben liegen.
Sie erregen wenig Aufmerksamkeit im Lande, wo ihre wahre Geschichte schon
seit langem in Vergessenheit geraten ist; während der Reisende, dessen Wissbe-
gierde ihn nach der Stelle führt, über ihren wahrscheinlichen Ursprung nach-
sinnt, und indem er über die ungeheuren Bruchstücke von ausgehauenem Por-

phyr und Granit hinklettert, sie den ursprünglichen Stämmen zuschreibt, die ihre riesenhaften Bauwerke lange vor der Ankunft der Acolhuans und Azteken über das Land verbreitet haben.

Die tezcucanischen Fürsten pflegten eine große Anzahl von Beischläferinnen zu halten. Sie hatten nur *eine* rechtmäßige Frau, auf deren Nachkommen die Krone überging. Nezahualcoyotl blieb lange Zeit unvermählt. Er fand sich in einer frühen Neigung getäuscht, da die Prinzessin, die heimlich dazu erzogen worden war, seinen Thron mit ihm zu teilen, ihre Hand einem andern gab. Der beleidigte König legte die Sache dem geeigneten Richterstuhl vor. Die Parteien bewiesen indes, dass sie die Bestimmung der Dame nicht gekannt hatten, und mit einer Unabhängigkeit, die den Richtern, die das Urteil ergehen ließen, und dem König, der sich demselben unterwarf, zu gleicher Ehre gereicht, sprach der Gerichtshof das junge Paar frei. Diese Geschichte steht in einem traurigen Gegensatz zu der folgenden.

Der König verbiss seinen Ärger in der Einsamkeit seines schönen Landhauses Tezcotzinco oder suchte ihn durch Reisen abzulenken. Auf einer solchen ward er von einem mächtigen Lehnsmann, dem alten Beherrscher von Tepechpan, gastfreundlich bewirtet, der, um seinem Herrscher noch mehr Ehre zu erweisen, ihn bei dem Gastmahl von einer edlen Jungfrau bedienen ließ, die mit ihm selbst verlobt war, und die, nach der Sitte des Landes, unter seinem eigenen Dach erzogen worden war. Sie war von königlich mexikanischem Geblüt und überdies mit dem tezcucanischen Herrscher nahe verwandt. Dieser, der die verliebte Natur des Südens hatte, wurde von der Anmut und den persönlichen Reizen der jungen Hebe gefesselt und fasste eine heftige Leidenschaft für sie. Er offenbarte sie niemandem, beschloss aber bei seiner Heimkehr, sie, wiewohl mit Aufopferung seiner eigenen Ehre, dadurch zu befriedigen, dass er das einzige Hindernis beseitigte, das ihm im Wege stand.

Er sandte daher an den Häuptling von Tepechpan den Auftrag, den Befehl über eine Unternehmung zu führen, die gegen die Tlascalanen ausgerüstet wurde. Zu gleicher Zeit trug er zwei tezcucanischen Häuptlingen auf, den alten Herrn im Auge zu behalten und ihn in das dichteste Gefecht zu bringen, wobei er sein Leben verlieren sollte. Er versicherte, dass dieses durch ein großes Verbrechen verwirkt sei, er aber, aus Rücksicht auf die vergangenen Verdienste seines Lehnsmannes, seine Schande durch einen ehrenvollen Tod verdecken wolle.

Der alle Krieger, der lange in Zurückgezogenheit auf seinen Gütern gelebt hatte, sah sich mit Verwunderung so plötzlich und so unnötig zu einer Tätigkeit gerufen, für die so manche jüngere Männer besser gepasst hätten. Er argwöhnte die Ursache, und beim Abschiedsschmaus mit seinen Freunden äußerte er ein Vorgefühl seines traurigen Schicksals. Seine Prophezeiung wurde nur zu bald wahr, und nach wenigen Wochen stand die Hand seiner jungfräulichen Braut wieder zu ihrer Verfügung.

Nezahualcoyotl hielt es nicht für klug, mit seiner Leidenschaft für die Prinzessin so bald nach dem Tode seines Schlachtopfers öffentlich hervorzutreten. Er knüpfte mit ihr vermittels einer Verwandten einen Briefwechsel an und drückte sein tiefes Mitgefühl über ihren Verlust aus. Zugleich hielt er es für den besten in seiner Macht stehenden Trost, ihr sein Herz und seine Hand anzubieten. Ihr erster Liebhaber war für die Jungfrau zu weit in Jahren vorgerückt, als dass sie hätte lange untröstlich sein sollen. Sie hatte den treulosen Anschlag gegen sein Leben nicht gemerkt, und nach einer schicklichen Zeit war sie bereit, ihre Pflicht zu erfüllen und sich zur Verfügung ihres königlichen Verwandten zu stellen.

Um der Sache ein natürlicheres Ansehen zu geben und jeden Verdacht wegen der unwürdigen Rolle, die er dabei gespielt hatte, von sich abzuwenden, veranlasste der König, dass die Prinzessin sich auf seinen Besitzungen in Tezcotzinco einfand, um daselbst irgendeiner öffentlichen Feierlichkeit beizuwohnen. Nezahualcoyotl stand auf einem Söller des Palastes, als sie erschien, und als ob ihm ihre Schönheit jetzt zum ersten Male auffiel, fragte er, „wer das liebliche junge Geschöpf in seinen Gärten sei". Als seine Hofleute ihn von ihrem Namen und Rang unterrichtet hatten, befahl er, sie in den Palast zu führen, um die ihrer Stellung gebührende Ehrenbezeigung zu empfangen. Auf die Zusammenkunft erfolgte bald eine öffentliche Erklärung seiner Leidenschaft, und nicht lange darauf wurde in Gegenwart seines Hofes und seiner Herrschergenossen von Mexiko und Tlacopan die Hochzeit gefeiert.

Diese Geschichte, die ein so offenbares Seitenstück zu der von David und Urias liefert, wird mit großer Umständlichkeit sowohl von des Königs Sohn als von seinem Enkel berichtet, aus deren Erzählungen sie Ixtlilxochitl entnommen hat. Sie brandmarkten die Handlung als die niedrigste in ihres großen Vorfahren Leben. Sie ist auch in der Tat zu niedrig, als dass sie nicht einen unauslöschlichen Flecken auf jedem Charakter, wie rein und wie erhaben er auch in anderer Rücksicht sein möchte, zurücklassen sollte.

Der König war streng in der Ausübung seiner Gesetze, obgleich seine natürliche Neigung ihn darauf hinwies, Gerechtigkeit durch Gnade zu mildern. Man erzählt viele Züge von dem wohlwollenden Anteil, den er an den Angelegenheiten seiner Untertanen nahm, und von seiner sorgfältigen Bemühung, das Verdienst, selbst bei dem Geringsten, zu entdecken und zu belohnen. Er pflegte häufig verkleidet unter ihnen umherzuwandeln, gleich dem berühmten Kalifen in den „Arabischen Nächten", wo er sich dann freimütig in ihre Unterhaltung mischte und sich mit eigenen Augen Gewissheit über ihre wirkliche Lage verschaffte.

Bei einer solchen Gelegenheit, wo er nur von einem einzigen Herrn begleitet war, traf er einen Knaben, der auf einem Felde Reiser zur Feuerung zusammenlas. Er fragte ihn, „warum er nicht in den benachbarten Wald gehe, wo er eine Menge dergleichen finden könne"; worauf jener antwortete: „Der Wald gehöre dem König, und dieser würde ihn mit dem Tode strafen, wenn er darin sündigte." Die königlichen Waldungen in Tezcuco waren sehr ausgedehnt und wurden durch Gesetze bewacht, ganz so streng wie die der normannischen Zwingherren in England. „Was für eine Art von Mann ist denn dein König?" fragte der Herrscher, der gern erfahren wollte, wie dieses Verbot auf seine Volksbeliebtheit wirke. „Ein sehr harter Mann", antwortete der Knabe, „der seinem Volke verweigert, was Gott demselben gegeben hat." Nezahualcoyotl sagte ihm, er solle sich an solche willkürliche Gesetze nicht kehren, sondern seine Reiser im Walde sammeln, da ja niemand zugegen sei, der ihn verraten könne; aber der Knabe weigerte sich beharrlich und beschuldigte zugleich den verkleideten König geradezu, ein Verräter zu sein, der ihn ins Unglück stürzen wolle.

Als Nezahualcoyotl in den Palast zurückgekehrt war, ließ er das Kind und seine Eltern auffordern, vor ihm zu erscheinen. Diese empfingen den Befehl mit Erstaunen, aber als sie eintraten, erkannte der Knabe sogleich den Mann, mit dem er so unehrerbietig gesprochen hatte, und geriet in große Bestürzung. Der gutmütige König befreite ihn indes von seiner Furcht, indem er ihm für die Lehre dankte, die er ihm gegeben habe, zugleich lobte er ihn für seine Achtung vor den Gesetzen und pries seine Eltern wegen der Art, womit sie ihren Sohn erzogen hatten. Hierauf entließ er alle mit freigebigen Geschenken, und später milderte er die Strenge der Forstgesetze dahin, dass es den Leuten gestattet war, alles Holz, das sie auf dem Boden fanden, aufzulesen, wenn sie sich nicht an den aufrecht stehenden Bäumen vergriffen.

Man erzählt noch eine andere Begebenheit mit einem armen Förster und' seiner Frau, die ihre kleine Ladung Scheitholz auf den Markt von Tezcuco zum Verkauf gebracht hatten. Der Mann klagte bitterlich über sein hartes Los und über die Beschwerde, womit er sein elendes Leben friste, während der Herr des Palastes, vor welchem sie ständen, ein müßiges, müheloses Leben führe, mit allem Überfluss der Welt zu seiner Verfügung.

Er wollte in seinen Klagen fortfahren, als die gute Frau denselben Einhalt tat, indem sie ihn darauf aufmerksam machte, er könne behorcht werden. Er ward es auch durch Nezahualcoyotl selbst, der unbemerkt an einem vergitterten Fenster stehend, das auf den Markt hinausging, sich wie gewöhnlich damit vergnügte, das gemeine Volk zu beobachten, das auf dem Platze Handel trieb. Er ließ das scheltende Paar sogleich vor sich bringen. Sie erschienen zitternd und mit schwerem Gewissen vor ihm. Der König fragte sie ernsthaft, was sie gesagt hätten. Als sie ihm aufrichtig antworteten, sagte er ihnen, sie sollten bedenken, dass, wenn ihm große Schätze zu Gebote ständen, er noch größere Ansprüche damit zu befriedigen habe; dass, weit entfernt, ein leichtes Leben zu führen, er von der ganzen Last der Regierung bedrückt sei, und schloss mit der Ermahnung an sie, „künftig vorsichtiger zu sein, da die Wände Ohren hätten". Hierauf befahl er seinen Beamten, ein Stück Tuch und eine ansehnliche Menge Kakao (die Münze des Landes) zu bringen, und entließ sie. „So geht", sagte er, „mit dem Wenigen, das ihr jetzt habt, werdet ihr reich sein, während ich mit allen meinen Reichtümern noch arm bleibe."

Schätze zu sammeln, war nicht seine Leidenschaft. Er gab seine Einnahmen freigebig aus, suchte dürftige, aber verdienstvolle Leute auf, um sie damit zu unterstützen. Er war besonders der untauglich gewordenen Krieger eingedenk und derer, die auf irgendeine Weise im öffentlichen Dienste Verluste erlitten hatten, und bei ihrem Tode erstreckte sich sein Beistand auch auf ihre sie überlebenden Familien. Offenbare Bettelei war etwas, das er nie leiden konnte, sondern mit abschreckender Strenge züchtigte.

Es ist unglaublich, dass ein Mann von so erweiterten Begriffen und Naturgaben wie Nezahualcoyotl sich den gemeinen Aberglauben seiner Landsleute und besonders die blutdürstigen, von den Azteken geborgten, gottesdienstlichen Gebräuche hatte gefallen lassen. Seine menschliche Natur schauderte in der Tat vor diesen grausamen Gebräuchen zurück, und er war eifrig bestrebt, sein Volk zu dem reineren und einfacheren Gottesdienst der alten Tolteken zurückzuführen. Ein Umstand erzeugte eine zeitweilige Änderung in seinem Benehmen.

Er war einige Jahre mit der Frau vermählt gewesen, die er auf eine so unrechtmäßige Weise erlangt hatte, aber nicht mit Nachkommenschaft gesegnet. Die Priester stellten ihm vor, dass daran seine Vernachlässigung der Götter seines Landes schuld sei, und schlugen ihm, als das einzige Mittel dagegen, vor, sie durch Menschenopfer zu versöhnen. Der König willigte mit Widerstreben ein, und noch einmal wieder rauchte der Altar vom Blute erschlagener Gefangener. Aber es war alles umsonst, und er rief entrüstet aus: „Diese Götzenbilder aus Holz und Stein können weder hören noch fühlen, noch weniger konnten sie Himmel und Erde und den Menschen, den Herrn derselben, erschaffen. Diese müssen das Werk des allmächtigen, ungekannten Gottes, des Schöpfers des Weltalls sein, auf den allein ich wegen Trost und Hilfe bauen muss."

Darauf zog er sich nach seinem ländlichen Palast Tezcotzinco zurück, wo er vierzig Tage lang blieb und daselbst zu bestimmten Stunden fastete und betete und keine anderen Opfer brachte als süßen Weihrauch von Kopal und wohlriechenden Kräutern und Harzen. Nach Ablauf dieser Zeit soll er durch eine Erscheinung getröstet worden sein, die ihm den Erfolg seiner Bitte zusagte. Jedenfalls traf es nun so ein, und hierauf folgte die freudige Nachricht vom Siege seiner Waffen in einer Gegend, wo er kürzlich einige demütigende Unfälle erlitten hatte.

Bedeutend gestärkt in seinen früheren religiösen Überzeugungen, bekannte er nun offen seinen Glauben und war ernstlicher bemüht, seine Untertanen von ihren erniedrigenden Vorurteilen zu entwöhnen und ihnen dafür edlere und verständigere Begriffe von der Gottheit beizubringen. Er erbaute einen Tempel in der gewöhnlichen spitzsäuligen Form, und auf dem Gipfel einen neun Stockwerke hohen Turm, die neun Himmel anzudeuten. Auf dem zehnten erhob sich ein schwarz bemaltes, von außen reich mit goldenen Sternen besätes und inwendig mit Metallen und Edelsteinen ausgelegtes Dach. Er weihte denselben *„dem unbekannten Gott, der Ursache der Ursachen"*. Es wird, sowohl aus dem Sinnbild auf dem Turme als aus dem Inhalt seiner Verse, wie wir sehen werden, wahrscheinlich, dass er mit seiner Ehrfurcht vor dem Allmächtigen den Sterngottesdienst vermischte, der bei den Tolteken gebräuchlich war. Auf der Höhe des Turmes waren verschiedene Tonwerkzeuge angebracht, deren Töne, von dem Läuten eines hell klingenden Metalls, woran ein Klöpfel schlug, begleitet, die Andächtigen zu bestimmten Zeiten zum Gebet riefen. In dem Gebäude wurde kein Götzenbild, als unpassend für den „unsichtbaren Gott", geduldet, und dem Volke war ausdrücklich verboten, die Altäre durch Blut oder irgendein anderes Opfer, als solche von Blumenduft und wohlriechenden Harzen, zu entweihen.

Den Rest seines Lebens brachte er hauptsächlich in seiner köstlichen Einsamkeit von Tezcotzinco zu, wo er sich sternkundigen und wahrscheinlich sterndeuterischen Forschungen sowie der Betrachtung über seine unsterbliche Bestimmung widmete, wobei er seine Gefühle in Liedern oder vielmehr in Hochgesängen von feierlich ernstem Ausdruck kundgab. Ein Auszug aus einem derselben wird einigermaßen einen Begriff von seinen religiösen Betrachtungen geben. Die schwermütige Zartheit der auf einem vorhergehenden Blatt angeführten Verse hat hier eine traurige, selbst finstere Färbung, während das verwundete Gemüt, statt in den geselligen Ausbrüchen einer jungen und feurigen Sinnesart Erleichterung zu suchen, sich zur Welt jenseits des Grabes um Trost wendet.

„Alle Dinge auf Erden haben ihr Ziel, und in der fröhlichsten Laufbahn ihrer Eitelkeit und ihres Glanzes versagt ihnen die Kraft, und sie sinken im Staub dahin. Die ganze Welt ist nur ein Grab, und von allem, was auf derselben lebt, gibt es nichts, das nicht darunter verborgen und vergraben werden wird. Bäche, Flüsse, Ströme bewegen sich ihrer Bestimmung zu. Nicht ein einziger fließt zurück nach seiner lieblichen Quelle. Sie rauschen vorwärts und eilen, sich in tiefen Busen des Weltmeeres zu begraben. Die Dinge von gestern sind heute nicht mehr, und die Dinge von heute werden vielleicht morgen aufhören. Der Kirchhof ist voll vom ekelhaften Staube der Körper, die einst von lebendigen Seelen bewegt wurden, die auf Thronen gesessen, Versammlungen vorgestanden, Heere befehligt, Landschaften unterjocht, göttliche Verehrung erheischt hatten, von eitlem, ruhmsüchtigem Glanz und Macht und Herrschaft aufgeblasen waren.

Aber diese Herrlichkeiten alle sind verschwunden gleich dem furchtbaren Rauch, der aus dem Schlund des Popocatepetl aufsteigt, ohne ein anderes Gedächtnis ihres Daseins als den Bericht auf den Seiten des Geschichtsschreibers.

Der Große, der Weise, der Tapfere, der Schöne, — ach, wo sind sie jetzt? Sie sind alle mit der Erdscholle vermischt, und Das, was ihnen geschehen ist, wird auch uns begegnen und Denen, die nach uns kommen werden. Dennoch, glorreiche Edelleute und Häuptlinge, wahre Freunde und treue Untertanen, lasst uns Mut lassen, — *lasst uns nach jenem Himmel streben,* wo *alles ewig ist und wohin kein Verderben dringen kann.* Die Schrecken des Grabes sind nur die Wiege der Sonne, und die finsteren Schatten des Todes glänzende Lichter für die Sterne." Der geheimnisvolle Inhalt des letzten Denkspruchs scheint auf jenen Aberglauben, die Wohnungen der Sonne betreffend, zu deuten, der einen so schönen Gegensatz zu den finsteren Zügen der aztekischen Götterlehre bildet.

Zuletzt, gegen das Jahr 1470, fühlte Nezahualcoyotl, mit Jahren und Ehren beladen, sein Ende herannahen. Es war fast ein halbes Jahrhundert verflossen, seitdem er den Thron von Tezcuco bestiegen hatte. Er hatte sein Königreich von Parteien zerrissen und unter dem Joch eines fremden Zwingherrn in Staub gebeugt gefunden. Er hatte dies Joch gebrochen und dem Volke neues Leben eingehaucht, seine ehemaligen Staatseinrichtungen wieder hergestellt, sein Landgebiet weit ausgedehnt, hatte es gesehen in voller Blüte der Gewerbetätigkeit und des Ackerbaues, wie es aus deren erweiterten Hilfsquellen Kräfte sammelte und auf dem großen Wege der Bildung täglich höher und höher stieg. All dies hatte er gesehen und durfte offenherzig keinen geringen Anteil daran seiner eigenen weisen und wohltätigen Regierung zuschreiben. Sein langes und glorreiches Leben neigte sich nun zu Ende, und er betrachtete dies Ereignis mit denselben Gemütsruhe, die er unter den Wolken des Morgens und dem mittäglichen Glanz desselben gezeigt hatte.

Kurze Zeit vor seinem Tode versammelte er diejenigen seiner Kinder um sich heran, zu denen er das meiste Vertrauen hatte, seine Hauptratgeber, die Gesandten von Mexiko und Tlacopan, und seinen kleinen Sohn, den Thronerben, seinen einzigen Sprössling von der Königin. Dieser war damals noch nicht acht Jahre alt, hatte aber, so viel es eine so zarte Blüte vermag, schon vielversprechende Hoffnung für zukünftige Trefflichkeit gegeben.

Nachdem er das Kind zärtlich umarmt, warf der sterbende König ihm die Herrschergewänder um. Hierauf gab er den Gesandten Gehör, und als diese sich zurückgezogen hatten, ließ er den Knaben den Inhalt der Unterredung wiederholen. Er erteilte ihm darauf solche Ratschläge, die seinen Verstandeskräften angemessen waren, und die in dem langen Rückblick späterer Jahre ihn als Lichter in der Regierung des Königreiches leiten würden. Er bat ihn, den Gottesdienst des „unbekannten Gottes" nicht zu vernachlässigen, indem er bedauerte, dass er selbst unwürdig gewesen sei, ihn zu kennen, und seine Überzeugung andeutete, dass die Zeit kommen werde, wo er im ganzen Lande würde erkannt und angebetet werden.

Hierauf wendete er sich an den von seinen Söhnen, in den er das größte Vertrauen setzte, und den er zum Verweser des Reiches erwählt hatte. „Von dieser Stunde an", sagte er ihm, „wirst Du die Stelle ausfüllen, die ich eingenommen habe, eines Vaters dieses Kindes; Du wirst ihn lehren, zu leben wie er soll, und nach Deinen Ratschlägen wird er das Reich regieren. Vertritt seine Stelle, und sei sein Führer, bis er das Alter haben wird, selbst zu regieren." Dann wandte er sich an seine anderen Kinder und ermahnte sie, einig miteinander zu leben, Untertanentreue gegen ihren Landesherrn zu üben, der zwar noch ein Kind sei, aber schon eine über seine Jahre hinausgehende Klugheit an den Tag lege. „Seid ihm treu", fügte er hinzu, „und er wird euch in einen Rechten und Würden aufrecht erhalten."

Als sein Ende herannahen fühlte, rief er aus: „Beweint mich nicht mit eitlen Klagen, sondern singt das Lied der Freude und zeigt einen mutigen Geist, damit die Völker, die ich unterwarf, euch nicht verzagt halten, und damit sie fühlen mögen, dass ein jeder von euch stark genug ist, sie im Gehorsam zu halten!" Der unbesiegte Mut des Königs offenbarte sich selbst in der Todesstunde. Doch schmolz sein starkes Herz, als er von seinen Kindern Abschied nahm, und weinte bitterlich, als er jedem ein letztes Lebewohl sagte. Al« sie hinan .gegangen waren, befahl er den Beamten des Palastes, niemand wieder hereinzulassen.

Bald darauf starb er, im zweiundsiebzigsten seines Alters und dreiundvierzigsten seiner Regierung.

So starb der größte und, wenn ein schmutziger Flecken ausgewischt werden könnte, vielleicht der beste König, der jemals auf einem indianischen Thron saß. Sein Charakter ist von seinem Verwandten, dem tezcucanischen Zeitgeschichtsschreiber, mit leidlicher Unparteilichkeit geschildert. „Er war weise, tapfer, freisinnig, und wenn wir den Edelmut seiner Seele, die Großartigkeit und den Erfolg seiner Unternehmungen, seine ebenso tiefe als beherzte Staatsklugheit betrachten, müssen wir gestehen, dass er jeden andern Fürsten und Feldherrn dieser neuen Welt weit übertroffen hat. Er selbst hatte wenig Fehler und bestrafte die der andern streng. Den allgemeinen Vorteil zog er dem seinigen vor, er war von Natur höchst wohltätig; er kaufte oft Gegenstände zum doppelten Werte von armen und ehrlichen Leuten und verschenkte sie wieder an kranke und schwache. In Zeiten der Teuerung war er besonders großmütig, indem er seinen Lehnsmannen die Abgaben erließ und ihren Bedürfnissen aus den königlichen Kornkammern zu Hilfe kam. Er hatte keinen Glauben an den Götzendienst des Landes. Er war in der Tugendlehre wohl unterrichtet und strebte vor allen Dingen nach Licht in der Erkenntnis des wahren Gottes. Er glaubte nur an einen einzigen Gott, den Schöpfer von Himmel und Erde, dem wir unser Dasein danken, der sich uns niemals in menschlicher Gestalt, noch in irgendeiner andern offenbart; bei dem die Seelen der Tugendhaften nach dem Tode wohnen werden, während die Gottlosen unaussprechliche Strafe erleiden. Er rief den Allerhöchsten an, als den, durch den wir leben und der alles in sich selbst hat. Er erkannte die Sonne als seinen Vater und die Erde als seine Mutter. Er lehrte seine Kinder, nicht auf Götzenbilder zu vertrauen und nur in Rücksicht auf die öffentliche Meinung sich der Verehrung derselben äußerlich zu fügen. Wenn er die Menschenopfer, die von den Azteken herstammten, nicht gänzlich abschaffen konnte, so beschränkte er sie wenigstens auf Sklaven und Gefangene."

Ich habe diesem glorreichen Fürsten so viel Raum geschenkt, dass mir nur wenig für seinen Sohn und Nachfolger, Nezahualpilli, übrig bleibt. Ich habe es bei unseren engen Schranken für zweckmäßiger gehalten, eine vollständige Übersicht von einem einzelnen Zeitraum, und zwar dem anziehendsten in den tezcucanischen Jahrbüchern, darzubieten, als die Untersuchungen über ein größeres, aber verhältnismäßig unfruchtbares Feld auszubreiten. Doch war Nezahualpilli, der Thronerbe, ein merkwürdiger Mann, und seine Regierung enthält viele Ereignisse, die mit Stillschweigen zu übergehen, ich mich ungern genötigt sehe.

Sein Geschmack war in vieler Hinsicht dem seines Vaters ähnlich, lind er entwickelte, gleich ihm, in seiner Art zu leben und in seinen öffentlichen Gebäuden eine verschwenderische Pracht. In seinen sittlichen Grundsätzen war er strenger und in der Ausübung der Gerechtigkeit hart, selbst mit Aufopferung natürlicher Zuneigung. Man erzählt einige merkwürdige Beispiele davon; eins unter anderen in Bezug auf seinen ältesten Sohn, den Thronerben, einen vielversprechenden Prinzen. Der junge Mann eröffnete einen dichterischen Brief-

86

wechsel mit einer von seines Vaters Beischläferinnen, der Dame von Tula, wie sie genannt wurde, einem Frauenzimmer von niedriger Herkunft, aber ungewöhnlichen Naturgaben. Sie schrieb mit Leichtigkeit Verse und verstand ernstere Gegenstände mit dem König und seinen Räten abzuhandeln. Sie hielt einen abgesonderten Haushalt, wo sie prachtvoll lebte, und erlangte durch ihre Schönheit und Kenntnisse großen Einfluss auf ihren königlichen Liebhaber. Mit dieser Begünstigten führte der Prinz einen Briefwechsel in Versen, — ob verliebter Art, ist nicht klar. Jedenfalls war das Vergehen eines, worauf Todesstrafe stand. Es ward dem gewöhnlichen Gerichtshof vorgelegt, der über den unglücklichen, jungen Mann das Todesurteil fällte, und der König, das Herz gestählt gegen alle Bitten und die Stimme der Natur, ließ das grausame Urteil vollziehen. Man könnte in diesem Fall den Einfluss niedriger Leidenschaften auf sein Gemüt argwöhnen, aber dies war kein einzelstehendes Beispiel von seiner unerbittlichen Gerechtigkeit gegen die, die ihm am nächsten standen. Er besaß die strenge Tugend eines alten Römers, entblößt von der sanfteren Anmut, die die Tugend reizvoll macht. Nachdem das Urteil vollzogen war, schloss er sich mehrere Wochen lang in seinem Palast ein und ließ die Türen und Fenster im Schloss seines Sohnes vermauern, damit es nie mehr bewohnt werden möchte.

Nezahualpilli glich seinem Vater in seiner Leidenschaft für die Sternkunde, und man sagt, dass er auf einem seiner Paläste eine Sternwarte gehabt habe. In seiner Jugend war er dem Kriege ergeben, aber als er in Jahren vorrückte, überließ er sich einer ruhigeren Lebensweise und suchte seine Hauptunterhaltung in der Betreibung seiner Lieblingswissenschaft oder in den ruhigen Genüssen der abgesonderten Gärten von Tezcotcinco. Dieses ruhige Leben passte schlecht zu dem stürmischen Charakter der Zeiten und seines mexikanischen Nebenbuhlers, Montezuma. Die entfernten Landschaften sagten sich von ihrer Untertanenpflicht los; das Heer ließ nach in seiner Manneszucht; Widerwillen schlich sich in seine Reihen, und dem listigen Montezuma gelang es, teils durch Gewalt, teils durch Ränke, die eines Königs unwürdig sind, seinem Herrschergenossen einige seiner unschätzbarsten Besitzungen zu entreißen. Nachdem dies geschehen, maßte er sich den Titel und den Vorrang eines Kaisers an, die bis dahin den tezcucanischen Fürsten als Oberhäuptern des Bündnisses eigen waren. So lautet der Bericht der Geschichtsschreiber jenes Volkes, die auf diese Weise die anerkannte Überlegenheit des aztekischen Herrschers an Landbesitz und Ansehen, bei der Landung der Spanier, erklären.

Diese Unfälle lasteten schwer auf dem Gemüt Nezahualpilli's. Die Wirkung derselben wurde durch finstere Prophezeiungen eines nahen Unglücks noch vermehrt, das das Land niederbeugen werde. Er zog sich in seine Einsamkeit zurück, um im geheimen über seinem Kummer nachzusinnen. Seine Gesundheit nahm plötzlich ab, und im Jahre 1515, im Alter von zweiundfünfzig Jahren, sank er ins Grab; bei diesem frühzeitigen Tode wenigstens glücklich darin, dass er der Erfüllung seiner eigenen Vorhersagen, bezüglich der Zerstörung seines Vaterlandes und Erlöschen der indianischen Herrscherstämme auf immer, entgangen ist.

Mexiko, mixtekisch-aztekisch, Labret (Ohrring) schlangenförmig, IX-XI Jh.,
geprägtes Gold.

Indem wir den hier gelieferten kurzen Abriss des tezcucanischen Königreiches überschauen, drängt sich uns die Überzeugung von seiner Überlegenheit in
allen großen Zügen der Gesittung über das sonstige Anahuac auf. In Handwerkskünsten und selbst in der Wissenschaft der Mathematik zeigten die Mexikaner allerdings einen ähnlichen Fortschritt. Aber in Regierungskunst, Gesetzgebung, in übersinnlichen Lehren religiöser Art, in den feineren Bestrebungen
der Dichtkunst, der Beredsamkeit und in allem, was mit einem verfeinerten Geschmack und einer gefeilten Sprachweise zusammenhing, bekannten sie sich
selbst als untergeordnet, indem sie sich wegen Unterricht an ihre Nebenbuhler
wandten und deren Werke als die Meisterstücke ihrer Sprache anführten. Die
besten Geschichtswerke, die besten Gedichte, die besten Gesetzsammlungen,
die reinste Mundart, wurden den Tezcucanern zugestanden. Die Azteken wetteiferten mit ihren Nachbarn in glänzender Lebensweise und selbst in der Pracht
ihrer Bauwerke. Sie entwickelten einen Prunk und ein wahrhaft asiatisch prah-
lerisches Schaugepränge. Allein dies war vielmehr die Entwicklung des körper-

lichen als des geistigen Wesens. Es fehlte ihnen an Verfeinerung der Sitten, die zu einem dauernden Fortschritt in der Bildung notwendig ist. Ein unübersteigbares Hindernis für die ihrige war jene blutige Götterlehre, die ihren verderblichen Hauch selbst der Luft, die sie einatmeten, mitteilte.

Die Tezcucaner verdankten ohne Zweifel ihre Überlegenheit großenteils derjenigen der beiden Herrscher, deren Regierungen wir soeben geschildert haben. Es gibt keine Stellung, die ein so großes Feld zur Verbesserung der menschlichen Zustände darbietet, als die eines unumschränkten Herrschers über ein unvollkommen gesittetes Volk. Von seinem erhabenen Standpunkte aus, wo ihm alle Hilfsmittel seines Zeitalters zu Gebote stehen, hat er es in seiner Gewalt, sie nach allen Seiten hin unter seinem Volke zu verbreiten. Er kann gleichsam der reiche Wasserbehälter auf dem Gipfel des Berges sein, der den Himmelstau aufnimmt, um ihn in befruchtenden Strömen auf die niedrigeren Abhänge und Täler zu ergießen und selbst die Wildnis zu verschönern. So waren Nezahualcoyotl und sein berühmter Nachfolger, deren erleuchtete Staatsklugheit, die sie fast ein Jahrhundert hindurch anwendeten, eine höchst heilsame Umwandlung in dem Zustand ihres Vaterlandes bewirkte.

Es ist merkwürdig, dass wir, die Bewohner des nämlichen Festlandes, bekannter sind mit der Geschichte so manchen rohen Oberhauptes sowohl in der Alten als in der Neuen Welt, als mit der dieser wahrhaft großen Männer, deren Namen mit dem glorreichen Zeiträume in den Jahrbüchern der indianischen Stämme gleichbedeutend sind.

Auf welchem Standpunkt sich die tezcucanische Bildung wirklich befand, ist bei der unvollkommenen Aufklärung, die wir darüber besitzen, nicht leicht zu bestimmen. Sie war sicherlich weit unter dem, was das Wort, nach europäischem Maßstab angenommen, bezeichnet. In einigen Künsten und in jeder eigentlich wissenschaftlichen Bahn konnten sie gleichsam nur einen Anfang gemacht haben. Aber sie hatten auf die rechte Weise angefangen und zeigten schon eine Verfeinerung in Gefühl und Betragen, eine Empfänglichkeit für Unterricht, die sie, bei zweckmäßiger Unterstützung, zu unbeschränktem Fortschritt geleitet haben würde. Unglücklicherweise mussten sie so schnell unter die Herrschaft der kriegsliebenden Azteken geraten. Und dieses Volk vergalt die von ihren verfeinerten Nachbarn empfangenen Wohltaten dadurch, dass es ihnen seinen eigenen wilden Aberglauben mitteilte, der, wie ein Mehltau auf das Land fallend, bald dessen vielversprechende reiche Blüten verderbt und selbst seine Früchte in Staub und Asche verwandelt haben würde.

ANHANG

AZTEKEN
Große Landesausstellung Baden-Württemberg
12. Oktober 2019 bis 3. Mai 2020

Das Linden-Museum Stuttgart zeigt von 12. Oktober 2019 bis 3. Mai 2020 die Große Landesausstellung „Azteken".

Die Große Landesausstellung eröffnet einen neuen, vertiefenden Blick auf die Kultur der Azteken die, 500 Jahre nach der Landung des spanischen Eroberers Hernán Cortés in Mexiko, eine besondere Würdigung erhält. Hauptanlass der Ausstellung sind zwei einzigartige Federschilde und eine kostbare Grünsteinfigur, die sich heute in den Sammlungen des Landesmuseums Württemberg befinden und erstmals im Kontext der aztekischen Kultur zu sehen sein werden. Beginnend mit der Peripherie des aztekischen Imperiums (ca. 1430 – 1521 n. Chr.) und der natürlichen und kulturellen Vielfalt Mexikos, nähert sich die Ausstellung dem Inneren des Reiches und seiner Hauptstadt Tenochtitlan. Nach dem Durchschreiten des Herrscherpalastes des Kaisers Moctezuma betritt der Besucher das Innerste des Imperiums: den heiligen Bezirk mit dem Haupttempel Templo Mayor.

Eine vollendete Kunst

Die aztekischen Steinskulpturen bestechen durch ihre naturgetreue und detailverliebte Darstellungsweise, häufig kombiniert mit Kalenderzeichen, Charakteristika bestimmter Gottheiten oder der Kombination verschiedener Götter. Wertvolle Mosaikmasken, Federarbeiten und Goldschmuck lassen erahnen, welche Pracht die Eroberer am Hofe des Aztekenherrschers vorfanden. Den farbenfrohen Bilderhandschriften ist ein eigener thematischer Abschnitt in der Ausstellung gewidmet. Als Besonderheit wird die Ausstellung neueste Forschungs- und Ausgrabungsergebnisse präsentieren. Das Ausgrabungsprojekt Templo Mayor sowie das angeschlossene Museum stellen erst kürzlich entdeckte, noch nie ausgestellte Opfergaben zur Verfügung.

Hochkarätige Leihgeber

„Azteken" ist eine Ausstellung des Linden-Museums Stuttgart in Kooperation mit dem Nationaal Museum van Wereldculturen (Niederlande). Sie präsentiert rund 150 hochkarätige Leihgaben aus mexikanischen und europäischen Museen. Leihgeber sind das Museo Templo Mayor und das Museo Nacional de Antropología in Mexiko-Stadt, die Musées Royaux d'Art et de Histoire (Brüssel), das National Museum of Denmark (Kopenhagen), das Tropenmuseum (Amsterdam), das Museum Volkenkunde (Leiden), das Museum der Kulturen Basel, das Weltmuseum Wien, das Museum am Rothenbaum (Hamburg), das Museum Weltkulturen (Mannheim), das Rautenstrauch-Joest-Museum (Köln) und Schloss Friedenstein (Gotha). Besonders erwähnenswert sind die beiden Federschilde und die Grünsteinfigur des Landesmuseums Württemberg

Von Maisgöttinnen und Tequila
Genießen wie die Azteken

Tomate, Mais, Kakao, Chili: Die mexikanische Küche hat unser Leben um mehr als Salsa und Tacos bereichert. Auch das Linden-Museum widmet sich begleitend zur Großen Landesausstellung „Azteken" der mexikanischen Kulinarik. Im Museumsshop gibt es Spezialitäten von der schokoladig-scharfen Sauce *Mole* bis zum *Tequila* ein großes Angebot für neugierige Feinschmecker*innen. Wer mehr über die Geschmacksnuancen des Agavenschnapses erfahren möchte, kann außerdem an einem Tasting mit Führung durch die Ausstellung teilnehmen.

Viele dieser in Europa alltäglichen Lebensmittel wurden schon in der Zeit vor den Azteken im mesoamerikanischen Reich kultiviert. Es gab ein ausgeklügeltes Wirtschaftssystem von Händlern und Verbünden, die spezialisierte Landwirtschaft betrieben. In jedem Stadtzentrum im aztekischen Imperium befand sich ein großer Platz, auf dem ein- oder mehrmals in der Woche ein Markt abgehalten und Spezialitäten aus der Region angeboten wurden. Der größte des Landes fand in Tlatelolcoin der aztekischen Hauptstadt Tenochtitlan statt, wo sich täglich bis zu 50 000 Besucher*innen sammelten. Lokale sowie exotische Güter gab es im Überfluss. Die meisten Verkäufer*Innen kamen aus der Nähe und waren zugleich die Produzent*Innen der von ihnen angebotenen Produkte oder Waren: ein Bauer, der etwas Mais oder Bohnen übrig hatte, aber auch professionelle Händler aus den Tieflandregionen die Baumwolle und Kakao verkauften. Auch heute prägen große Märkte das Stadtbild Mexikos, auf Plätzen und in großen Markthallen gibt es von frischen Tortillas, Tamales, Kakao bis zu gebratenen Heuschrecken alles, was das Herz begehrt.

In der spirituellen Vorstellung der Azteken, in der alle Dinge, Tiere und Menschen Teil einer göttlichen Entität waren, wurde Nahrungsmitteln eine besondere Bedeutung beigemessen. Für die erfolgreiche Ernte von Mais wurden etwa verschiedenen Maisgöttinnen und dem Regengott Tlaloc Opfer gebracht. Ein guter Ertrag war auch dringend notwendig. Die Tributzahlungen der aztekischen Herrscher stellten die Bauern vor enorme Herausforderungen. Mit der Eroberung des Azteken Imperiums durch Hernan Cortez konnte die kulinarische Kultur zum Glück nicht zerschlagen werden. Was würden wir ohne Schokolade und Tomatensauce machen? Die rücksichtslose Eroberungspolitik hatte aber auch zur Folge, dass ein Handelsaustausch mit Europa begann, der bis heute unser aller Leben und Speiseplan bestimmt.

Alles für die Götter?
Opferrituale im Aztekenreich

Als die spanischen Eroberer die aztekische Kunst betrachteten, waren sie schockiert: In ihren Augen waren die Darstellung von Schädeln, Gliedmaßen und vermeintlichen Götzen Zeichen für barbarische Sitten und Gebräuche. Die Kultur der Azteken wird auch heute noch mit grausamen Opferungsriten und Kannibalismus verbunden. Mit der Großen Landesausstellung „Azteken" geht das Linden-Museum der Opferkultur auf den Grund und beleuchtet das Thema in seiner ganzen Komplexität und Vielfalt.

Aufgrund fantasievoller mittelalterlicher Literatur über „seltsame Leute" in fernen Ländern erwarteten die Eroberer und Missionare nach Cortez' Eroberung im 16. Jahrhundert, abscheuliche Zustände vorzufinden. Gleichzeitig standen sie unter dem Einfluss der spätmittelalterlichen Dämonologie und des Hexenwahns. Diese Vorurteile vernebelten ihre Wahrnehmung und Interpretation. Die überlieferten Beschreibungen von Menschenopfern stellen keine Augenzeugenberichte dar, sondern basieren auf Hörensagen bzw. wurden zur Rechtfertigung von Unterdrückung gedichtet.

Bildliche Darstellungen lassen keinen Zweifel daran, dass das Töten von Menschen in Mesoamerika stattgefunden hat. Obwohl die Tötung von Kriminellen und Feinden wohl nicht ungewöhnlich war, geschah dies doch wesentlich seltener, als es die von den kolonialzeitlichen Autoren angegebenen Zahlen vermuten lassen. Es ist außerdem offensichtlich, dass diese Tötungen in der Wahrnehmung der Eroberer und Missionare mit dem Selbstopfer (Blutstropfen) und den Tieropfern, die üblich waren, vermischt und in einen falschen Zusammenhang gebracht wurden. Opferungen im Allgemeinen waren ein essentieller Teil der aztekischen Religion, in der das Universum als eine komplexe, lebendige Landschaft gesehen wurde, in der in allem Irdischen Göttliches steckt, in Pflanzen, Erde und sogar Dingen. In der Vorstellung der Azteken hingen Menschen von höheren Naturkräften ab: Während die göttlichen Mächte die Menschen ernähren, müssen diese ihre Dankbarkeit in Form von Anbetung und Opfergaben zum Ausdruck bringen, die ersten Erträge der Ernte, speziell zubereitete Mahlzeiten oder auch wertvolle Gegenstände.

Auch die Interpretation von Schädel- und Knochendarstellungen sind von interkulturellen Missverständnissen geprägt. Sie stehen nicht für Tötungen oder makabre Akte, sondern stellen bildliche Bezüge auf die verstorbenen Ahnen dar, so wie es bis heute in den Bildern des mexikanischen Totentages (Dia de los Muertos) der Fall ist. Vor dem Hintergrund einer solchen Bildsprache muss auch die Szene, in der z.B. ein Gott einem Menschen ein Auge herausreißt, interpretiert werden - nicht im wörtlichen Sinn, sondern symbolisch als Auswirkung eines mystischen Zusammentreffens.

Des Herzogs Kostüm
Das Rätsel um die württembergischen Federschilde

1599 - Friedrich I. präsentiert sich auf einem Turnier verkleidet als „Königin Amerika". In farbenfrohem Gewand wird der württembergische Herzog auf einer Sänfte getragen, umringt von Männern mit Speeren, Helmen und prachtvollen Schilden ausgestattet. Ob sich die Zuschauer der Parade bewusst darüber waren, dass es sich bei dem vermeidlichen Verkleidungsaccessoires um zwei Federschilde aus dem Reich der Azteken handelte? Auf welchem Weg und wann genau die beiden Kulturschätze ihren Weg nach Europa und über die württembergische Kunstkammer auf einen Fastnachtsumzug fanden, können wir heute nicht mit Bestimmtheit sagen. Aber sie sollten rund 400 Jahre später eine bedeutende Rolle bei der Gründung des Linden-Museums spielen.

Die Federschilde sind vermutlich kurz vor der spanischen Eroberung des aztekischen Imperiums um 1521 entstanden. Das Tragen von kostbarer Federtracht war damals nur dem Adel vorbehalten. Wahrscheinlich wurden sie als besondere Geschenke oder Auszeichnungen verliehen und dienten als Opfer- und Tributgaben. Nach der spanischen Eroberung erfreuten sie sich auch in Europa großer Beliebtheit und wurden speziell für diesen Markt hergestellt. Hochspezialisierte Federhandwerker, die sogenannten amantecas, fertigten die Schilde aus tropischen Federn. In einem aufwendigen Verfahren wurden entweder einfarbige oder abwechselnd rote und gelbe Federn in Bündeln auf Rohhaut eingeknüpft. Die dabei verwendeten Federn stammen von unterschiedlichen einheimischen Vogelarten, die sich die aztekischen Herrscher wohl in eigenen zoologischen Gärten hielten.

Aber wie geht die Spurensuche um die Geschichte der zwei Exemplare aus dem Geschlecht der Württemberger weiter? Zu Beginn des 20. Jahrhunderts gingen die Schilde zusammen mit der Grünsteinfigur des Gottes Quetzalcoatl in die Sammlung des Württembergischen Vereins für Handelsgeographie, des Vorläufers des Linden-Museums, über. Dort bildeten sie für die Gründung des ethnografischen Linden-Museums Stuttgart im Jahr 1911 wichtige Kernobjekte und waren der Hauptgrund für die Errichtung eines neuen Museums. Um 1950/60 gelangten sie schließlich in den Besitz des Landesmuseums Württemberg. Für die Große Landesausstellung „Azteken" kehren die Federschilde als Leihgabe zusammen mit der Grünsteinfigur nach über 50 Jahren zurück ans Linden-Museum, wo sie das erste Mal im Kontext aztekischer Kultur präsentiert werden.

Federschild Mäander und Sonne
Holz, Rohrgeflecht, Vlies, Rohhaut, Federn vom Eichhornkuckkuck und Schwarzkopftrogon, vermutlich Schwarzkehltrupial, Azurkotinga, Ridgewaykotinga, lovely cotinga, Flammentangar D:
75,5 cm, H: 2,5 cm Mexiko, aztekisch, um 1520 Landesmuseum Württemberg Stuttgart
© Landesmuseum Württemberg, Foto: Hendrik Zwietasch

Kojote oder junger Wolf
Basalt H: 39,8 cm; B: 21 cm; T: 23,3 cm Mexiko, aztekisch, Mitte 14. Jh. bis 1521 Museo
Nacional de Antropolog^a, Mexiko-Stadt, D.R. Secretana de Cultura – INAH
© D.R. Archivo Digital de las Colecciones del Museo Nacional de Antropolog^a, Secretana de
Cultura -INAH

Mictlantecuhtli
Keramik, Pigment H: 176 cm; B: 80 cm; D: 50 cm Mexiko, aztekisch, Spätphase, zwischen 1430 und 1502 Museo del Templo Mayor, Mexiko-Stadt, D.R.Secretana de Cultura – INAH
© D.R. Archivo Digital de las Colecciones del Museo Nacional de Antropolog^a, Secretana de Cultura -INAH

Figur des Gottes Xochipilli-Macuilxochitl
Vulkanischer Stein H: 74,5 cm; B: 31 cm; T: 26 cm Mexiko, aztekisch, Spätphase, frühes 16.
Jh.Reiss-Engelhorn-Museen, Mannheim
© Reiss-Engelhorn-Museen, Jean Christen

BUCHTIPPS

Abrupte Klimaschwankungen seit 2000
Jahren
Lokale und kosmische Ursachen eines
Klimawandels. Herausgeber: Sedlacek, Klaus-
Dieter (Hrsg.). Innerhalb der letzten zwei
Jahrtausende sind verschiedene abrupte
Klimaschwankungen nachweisbar. Der
fortwährende Wandel des Klimas verzeichnete
allein fünf große Klimaepochen und zahlreiche ...

Ägypten zur Zeit der Pyramidenbauer
Mit 16 Abbildungen im Text und 17 Bildtafeln.
Autor: Eduard Meyer , Klaus-Dieter Sedlacek
(Hrsg.). Bei keinem Volk der Erde reichen die
Denkmäler einer höheren Kultur in so frühe Zeiten
hinauf ...

Allgemeine moderne Psychologie
Allgemeine moderne Psychologie
Systematische Einführung in die Wissenschaft
psychischer Prozesse Autor: Messer, August Man
hat mit Recht drei Hauptwurzeln der Psychologie
unterschieden: die praktische Menschenkenntnis,
den religiösen Seelenglauben und die biologische
Lebenserklärung. Psychologie als ...

Anleitung zum Roman-Schreiben
Wie man anfängt, einen Plot entwickelt und
eine gute Geschichte erzählt. Autor: Wilde, Oliver
J. Sie wollen einen Roman schreiben? Das ist toll!
Aber begnügen Sie sich nicht damit, nur einen
Roman ...

Äquivalenz von Information und Energie
Die Grundbausteine der Welt – Neuausgabe –
Autor: Sedlacek, Klaus-Dieter. „Es stellt sich
letztendlich heraus, dass Information ein
wesentlicher Grundbaustein der Welt ist",
versicherte der durch sein
Quantenteleportationsexperiment bekannte Prof.
Zeilinger in ...

Babel und Bibel
Babel und Bibel Vortrag über die
babylonischen Wurzeln der Bibel Autor: Delitzsch,
Friedrich Das Buch ist der Vortragstext von dem
Vortrag, den der Autor am 13. Januar 1902 in der
Singakademie zu Berlin ...

Besseres Gedächtnis
Wie man es stärkt, trainiert und einsetzt.
Autor: Atkinson, Wilhelm Walker. Viele Menschen
scheinen zu glauben, dass Erinnerungen einfach
kommen und nicht gefördert werden können. Aber
der Trugschluss einer solchen Vorstellung wird ...

Bleib beweglich und fit ohne Geräte!
Leichte ärztliche Zimmergymnastik für jedes
Alter. Autor: Moritz Schreber , Klaus-Dieter
Sedlacek (Hrsg.). Dieses Buch hilft die für die
Körperausbildung, Erhaltung der Gesundheit und
Beweglichkeit bis ins hohe Alter anerkannt wichtige

...
Das Gesetz im Zufall
Wie sich verborgene Gesetzlichkeit
manifestiert. Neubearbeitung. Autor: Cantor,
Moritz. Zufall wurde es Jahrhunderte lang genannt,
wenn der Wind von Süd nach Südwest, von Nord
nach Nordost umzuschlagen pflegte und nicht
etwa die ...

Der Alchemist Leonhard Thurneysser
Die Lebensgeschichte des Goldmachers von
Berlin. Autor: Sedlacek, Klaus-Dieter (Hrsg.) . Der
im Jahr 1531 geborene Leonhard Thurneysser
erlernte als Sohn eines Goldschmieds in Basel die
Kunst seines Vaters, übernahm aber bald ...

Der allmächtige Informatiker
Das Mysterium des Universums. Autor: Jeans,
Sir James. Die englische Ausgabe dieses Buchs
mit dem Originaltitel „The Mysterious Universe" ist
als populäres Wissenschaftsbuch des britischen
Astrophysikers Sir James Jeans zuerst von ...

Der erdgeschichtliche Klimawandel
Den wahren Ursachen von
Klimaschwankungen auf der Spur. Autor: Wilhelm
Bölsche , Klaus-Dieter Sedlacek (Hrsg.). Der
Klimazustand während der letzten
Jahrhunderttausende ist im Wesentlichen auf den
Einfluss von Sonneneinstrahlung zurückzuführen,
die ...

Der geschichtliche Jesus
Der geschichtliche Jesus Was wissen wir von
ihm? Autor: Hertlein, Eduard Vorwort: Mit der
gegenwärtigen Veröffentlichung komme ich einem
mehrfach geäußerten Wunsch von Hörern eines
Vortrags nach, den ich in Stuttgart gehalten habe.
Ich ...

Der Mann, der „Ich denke, also bin ich" sagte
Der Mann, der „Ich denke, also bin ich" sagte
Eine kurze René Descartes Biografie Autor:
Sedlacek, Klaus-Dieter (Hrsg.) Descartes gilt als
der Begründer des modernen frühneuzeitlichen
Rationalismus. Sein rationalistisches Denken wird
auch Cartesianismus ...

Der Stein der Weisen
Der Stein der Weisen: Wie die Alchemie zur
Chemie wurde (Abenteuer Naturwissenschaft) von
Klaus-Dieter Sedlacek (Herausgeber), Wilhelm
Ostwald (Autor) Einführend berichtet Justus Liebig,
wie die voller Geheimnisse steckende Alchemie
die Grundlagen der ...

Der verborgene Mechanismus des
Weltgeschehens
Der verborgene Mechanismus des
Weltgeschehens Neue Erkenntnisse über die
Gestalten biotechnischer Systeme der Welt
Autoren: Sedlacek, Klaus-Dieter; Francé, Raoul H.

Seit Jahrtausenden ist die Menschheit bestrebt, die Welt, in der sie lebt, erkennen ...

Der Weg zu Wohlstand und Reichtum

Goldene Regeln für den Aufbau einer selbstständigen Existenz. Autor: Barnum, P. T. Der Weg zum Reichtum ist, wie einer der Gründerväter der Vereinigten Staaten sagt, „so klar wie der Weg zur Mühle". ...

Die ersten Spuren psychischer Erscheinungen

Die ersten Spuren psychischer Erscheinungen Das psychische Leben von Mikroorganismen – Eine Studie in experimenteller Psychologie Autor: Binet, Alfred Es gibt mikroskopisch winzige Lebewesen, die kein Gehirn haben und dennoch so etwas wie ...

Die geheimnisvolle Kultur der alten Kelten

Von Druiden, Fürstensitzen und der Lebensart unserer frühgeschichtlichen Vorfahren. Autor: Grupp, Georg Die Kelten zeichneten sich aus durch hohes handwerkliches Können, Handelsbeziehungen bis in den Süden Europas und tollkühnem Mut, der den ...

Die Heldin des Radiums

Eine kleine Biografie von Marie Curie. Hrsg: Sedlacek, Klaus-Dieter. Marie Curie war eine Physikerin und Chemikerin polnischer Herkunft, die in Frankreich lebte und wirkte. Sie untersuchte die 1896 von Henri Becquerel beobachtete ...

Die Kultur der Azteken

Mit einem Anhang Große Landesausstellung Baden-Württemberg „Azteken" im Lindenmuseum. Autor: Prescott, William. „Von dem ganzen ausgedehnten Reich, das einst die Herrschaft Spaniens in der Neuen Welt anerkannte, ist kein Teil an Wichtigkeit ...

Die Lebenskraft

Wie Enzyme, Bewusstsein und quantenbiologische Effekte das Leben regulieren Autoren: Sedlacek, Klaus-Dieter; Wrobel, Norbert Der Begründer der Quantenmechanik und Nobelpreisträger Erwin Schrödinger beschäftigte sich unter anderem mit der Frage: „Was ist Leben?" ...

Die letzten Ursachen

Das Buch der Naturerkenntnis. Hrsg.: Sedlacek, Klaus-Dieter. Die klassischen physikalischen Theorien, zum Beispiel die klassische Mechanik oder die Elektrodynamik, haben eine klare Interpretation. Den Symbolen der Theorie wie Ort, Geschwindigkeit, Kraft beziehungsweise ...

Die Psychoanalyse des Organischen

Sechs Vorträge und Aufsätze vom Wegbereiter der Psychosomatik. Autor: Georg Groddeck , Klaus-Dieter Sedlacek (Hrsg.) Den publizistischen Anfang zur Psychosomatik machte Georg Groddeck 1917 mit der Broschüre

Psychische Bedingtheit und psychoanalytische ...

Die Transzendenz der Realität

Spuren einer allumfassenden transzendenten Realität jenseits von Raum und Zeit. Autor: Klaus-Dieter Sedlacek. Der Nobelpreisträger Max Planck war einer der Pioniere der Quantenphysik und deshalb nicht verdächtig einem esoterischen Weltbild anzuhängen. Er ...

Die unbekannte Seele

Alltagsrätsel des Seelenlebens. Autor: Driesch, Hans. Es geht in dem Buch um sehr Grundlegendes. Gewiss wird der Leser auch mit Normalem zu tun haben, sogar mit sehr Alltäglichem. Aber das Normale bietet ...

Die verborgene Ordnung des Weltsystems

Neue Erkenntnisse über die schöpferischen Kräfte der Natur. Autor: Francé, Raoul Heinrich. Wie zeigt sich die verborgene Ordnung des Weltsystems? Woher kommt die Erfindungskraft, die den Wohlstand bei uns sichert? Ist sie ...

Durchblick Chemie

Praktische Grundlagen und Einführung in die anorganische, organische und Biochemie Klaus-Dieter Sedlacek, Lassar Cohn, Walther Löb Wollen Sie in unserer modernen Welt mitreden? Dann brauchen Sie den Durchblick! Dazu gehören auch Grundkenntnisse ...

Eine andere Sicht auf die Entstehung der sporadischen Form der Alzheimerkrankheit

Eine andere Sicht auf die Entstehung der sporadischen Form der Alzheimerkrankheit: Neuronale, mitochondriale Energetik – Quantenbiologischer Hintergrund (Wissenschaftliche Bibliothek) von Klaus-Dieter Sedlacek (Herausgeber), Norbert Wrobel (Autor) Bei der Alzheimerkrankheit soll einer Theorie ...

Einfach logisch denken!

Oder die Gesetze des Denkens. Autor: Atkinson, Wilhelm Walker In diesem Buch werden die Methoden und Prinzipien der korrekten Anwendung des Denkvermögens aufgezeigt, und zwar auf eine einfache und klare Weise, ohne ...

Einsteins Relativitätstheorie ganz ohne Mathematik

Spezielle und allgemeine Relativitätstheorie Paul Kirchberger , Klaus-Dieter Sedlacek (Hrsg.) Man wird nicht selten gefragt, ob eine Schrift wisse, die in die Einsteinsche Theorie für Laien so einführen könne, dass ...

Emergenz

Emergenz Strukturen der Selbstorganisation in Natur und Technik Autor: Sedlacek, Klaus-Dieter Das Universum erschien bis ins 19. Jahrhundert wie ein ablaufendes mechanisches Uhrwerk. Der Schock kam im frühen 20. Jahrhundert mit dem Aufkommen ...

Epigenetik-Experimente

Neuvererbung oder Beweise für die

der Bild-Zeitung einen schaurigen Bericht unter dem Titel ...

Kultur erleben mit dem Wohnmobil in Frankreich
Vierzig kulturelle Highlights, Park- und Übernachtungsplätze sowie Navigations-Koordinaten Klaus-Dieter Sedlacek (Hrsg.) Dieser Wohnmobilführer ist anders. Er hilft uns, Kulturerlebnisse zu einem Genuss werden zu lassen. Er enthält die Beschreibung von vierzig kulturellen ...

Leben aus Quantenstaub
Leben aus Quantenstaub Elementare Information und reiner Zufall im Nichts als Bausteine einer 4-dimensionalen Quanten-Welt Autoren: Wrobel, Norbert; Sedlacek, Klaus-Dieter Obwohl bereits vor mehr als hundert Jahren die Quantenphysik Gestalt annahm, setzte sich ...

Leben in der Warmzeit der Erde
Aus den Urtagen vor dem heutigen Klimawandel Wilhelm Bölsche , Klaus-Dieter Sedlacek (Hrsg.) Der Weltklimarat schlägt Alarm. Die Lage spitzt sich zu: Die Erde erwärmt sich immer mehr. In diesem Buch geht ...

Leben nach dem Leben
Die Befreiung des Bewusstseins von den Fesseln der Zeit Klaus-Dieter Sedlacek Für uns Menschen hat die Frage nach dem zeitlichen Ende unserer Existenz eine hohe Bedeutung. Die Antwort, die der Glaube sucht, ...

Leonardo da Vinci
Seine naturwissenschaftlichen Studien und genialen Erfindungen Hermann Grothe , Klaus-Dieter Sedlacek (Hrsg.) Leonardo da Vinci versuchte, ein Phänomen zu verstehen, indem er es genau beobachtete und bis ins kleinste Detail beschrieb ...

Liebesbeziehungen und deren Störungen
Lebensführung nach den Grundsätzen der Individualpsychologie. Autor: Alfred Adler , Klaus-Dieter Sedlacek (Hrsg.). Um einen Menschen ganz kennenzulernen, ist es notwendig, ihn auch in seinen Liebesbeziehungen zu verstehen ... Wir müssen ...

Massenpsychologie am Beispiel Jan Bockelsons
Geschichte eines Massenwahns mit einer Einführung von Sigmund Freud Friedrich Reck-Malleczewen , Klaus-Dieter Sedlacek (Hrsg.) Der Begriff Massenhysterie oder auch Massenwahn bezeichnet eine starke emotionale Erregung in großen Menschenmengen. Auch massenhaft ...

Mein Leben im Tropenparadies
Fünfundzwanzig Jahre in Ceylon – Erlebnisse und Abenteuer. Autor: Hagenbeck, John. Ein Mann des praktischen Lebens und ein Mann der Feder haben sich zusammengetan, um gemeinschaftlich in diesem Buch die Naturwunder und ...

Meine erste Weltumseglung
Tagebuch einer epochalen Expedition James Cook , Klaus-Dieter Sedlacek (Hrsg.) James Cook unternahm seine erste Weltumseglung im Rahmen einer wissenschaftlichen Expedition, um den Durchgang des Planeten Venus vor der Sonnenscheibe – ...

Mit der Beagle um die Welt
Bericht meiner Forschungsreise zum Galapagos-Archipel Charles Darwin , Klaus-Dieter Sedlacek (Hrsg.) Auszug aus Darwins Reisebericht: Ich habe die Reise mit zu tief empfundenem Entzücken gemacht, als dass ich nicht jedem Naturforscher empfehlen ...

Naturphilosophie
Das Wesen von Naturgesetzen und die Erklärung des Lebens. Neubearbeitung. Autor: Schlick, Moritz. Die Naturphilosophie verhält sich zur Naturwissenschaft wie die Philosophie im Allgemeinen zur Wissenschaft überhaupt. So ist es die Aufgabe ...

Noa Noa
Der exotische Duft von Tahiti Autor: Gauguin, Paul Im April 1891 schiffte sich der berühmte französische Maler Paul Gauguin nach Tahiti ein. Auf der Flucht vor der europäischen Zivilisation mietete er eine ...

Optische Täuschungen
… und Illusionen, sowie ihre Ursachen. Autor: Reuss, August von . Optische Täuschungen bzw. Illusionen können nahezu alle Aspekte des Sehens betreffen. Es gibt Illusionen aller Art, Lichtblitze, Farbreize, Tiefenillusionen, geometrische Illusionen, ...

Peking – Paris im Automobil
Die legendäre 16.000 km – Rallye 1907. Autor: Barzini, Luigi. „Gibt es jemanden, der diesen Sommer eine Fahrt per Automobil von Peking nach Paris unternehmen wird?", fragte die Pariser Zeitung Le Matin ...

Phänomen Naturgesetze
Phänomen Naturgesetze Das Geheimnis hinter den Erscheinungen der Welt Autor: Sedlacek, Klaus-Dieter Was uns an den beinahe mythischen Denkern der antiken Welt so fasziniert, ist die wundervolle, abgeschlossene Einheit ihres Weltbildes. Mit welcher ...

Psychologische Verkaufskunst
Denk- und Handlungsweisen, Vorgangsweise und Abschluss. Autor: Atkinson, Wilhelm Walker. In der Psychologie der Verkaufskunst gibt es zwei wichtige Elemente, nämlich (1) Die Psyche des Verkäufers; und (2) die Psyche des Käufers. Das zu verkaufende ...

Quantenbewusstsein
Quantenbewusstsein Natürliche Grundlagen einer Theorie des evolutiven Quantenbewusstseins Autoren: Wrobel, Norbert; Sedlacek, Klaus-Dieter

Seltsam sind die physikalischen Gesetze, die unsere Welt wirklich beherrschen: Es sind die Gesetze einer makroskopischen Quantenwelt, in der alles ...

Quantum Consciousness
Quantum Consciousness Natural foundations of a theory of evolutionary quantum consciousness Autoren: Wrobel, Norbert; Sedlacek, Klaus-Dieter Usually, the term „consciousness" is associated with higher, cognitive performance. However, in the course of this dialogue ...

Real Life After Life
The liberation of consciousness from the shackles of time. Autor: Sedlacek, Klaus-Dieter. For us humans the question of the temporal end of our existence is of great importance. The answer that faith ...

Strahlende Kräfte durch positives Denken
Die Wurzeln des Erfolgs und Wege zum Glück. Autor: Peters, Emil . Aus dem Inhalt: – Charakter, Wille und Persönlichkeit – Die Macht deiner Gedanken – Vom Schaffen und vom Ruhen – Die Verjüngung deines Lebens – ...

Supervereinigung
Wie aus nichts alles entsteht. Ansatz einer großen einheitlichen Feldtheorie. – Neuausgabe -. Autor: Sedlacek, Klaus-Dieter. Unter Physikern herrscht allgemein Übereinstimmung darin, dass die fundamentale Wirklichkeit unserer Welt aus Feldern besteht. Bei ...

Synthetisches Bewusstsein
Synthetisches Bewusstsein Wie Bewusstsein funktioniert und Roboter damit ausgestattet werden können. Autor: Sedlacek, Klaus-Dieter Bewusstsein zeigt sich nach Überzeugung der meisten Wissenschaftler im Zusammenhang mit der im Gehirn stattfindenden Informationsverarbeitung. Es ist keine ...

The great god Pan / Der große Gott Pan – zweisprachig
Horror story English – German / Horror Geschichte Englisch – Deutsch. Autor: Machen, Arthur. The Great God Pan is a horror and fantasy novel by the Welsh writer Arthur Machen. Machen was ...

The nature of the physical world
The Gifford Lectures 1927 Sir Arthur Eddington , Klaus-Dieter Sedlacek (Hrsg.) In these lectures the author Eddington discusses some of the results of modern study of the physical world which give ...

The Philosophy of Physical Science
TARNER LECTURES 1938 – CAMBRIDGE Sir Arthur Eddington , Klaus-Dieter Sedlacek (Hrsg.) It is often said that there is no „philosophy of science", but only the philosophies of certain scientists. But ...

Theophrastus Paracelsus
Der Wegbereiter neuzeitlicher Medizin Autor: Kahlbaum, Georg W. A. Es darf ohne weiteres gesagt werden, dass es in der ganzen Geschichte der menschlichen Entwicklung kein zweites Beispiel dafür gibt, dass über den gleichen ...

Transzendenz und Unendlichkeit
Die Welt- und Lebensanschauungen eines Physikers Max Bernhard Weinstein , Klaus-Dieter Sedlacek (Hrsg.) Weinstein verfasste mit seinem Buch über „Welt- und Lebensanschauungen" eines der umfassendsten Darstellungen der Idee des metaphysisch geprägten ...

Treibhauseffekt und Klimawandel
Energiewende, ja bitte, aber nicht wegen CO2. Von Sedlacek, Klaus-Dieter (Hrsg.) Dieses Buch dokumentiert zum Thema Klimawandel und CO2 teils unbequeme wissenschaftliche Fakten bzw. Meldungen und die dazugehörigen Quellen. Sie sind eingeladen, ...

Unsterbliches Bewusstsein
Raumzeit-Phänomene, Beweise und Visionen – Taschenbuchausgabe Klaus-Dieter Sedlacek In diesem Buch geht es weder um Glauben noch um Esoterik, sondern um Beweise. Glaubwürdige, wissenschaftliche Beweise, die in eine Form gepackt sind, dass ...

Was ist Krankheit?
Was ist Krankheit? Quanteneffekte in der Medizin Autoren: Wrobel, Norbert; Sedlacek, Klaus-Dieter Aufgrund des gesellschaftlichen Wandels, der immer mehr ältere Menschen hervorbringt, werden die medizinischen Einrichtungen mit neuen, unbekannten und komplexen Problemkonstellationen konfrontiert: ...

Was man über Chemie wissen sollte
Was man über Chemie wissen sollte: Chemie im täglichen Leben von Lassar Cohn (Autor), Klaus-Dieter Sedlacek (Herausgeber) In leicht verständlicher und äußerst fesselnder Darstellung behandelt der Verfasser die Stoffe, mit denen das ...

Wege zur Physikalischen Erkenntnis
Meine wissenschaftliche Selbstbiographie, Reden und Vorträge Max Planck , Klaus-Dieter Sedlacek (Hrsg.) Diese erweiterte Neuauflage des Buchs „Wege zur physikalischen Erkenntnis" enthält neben der wissenschaftlichen Selbstbiographie folgende Vorträge: Die Einheit des physikalischen ...

Wie intelligent sind Pflanzen?
Sensationelle Einblicke in die geheime Seite des pflanzlichen Wesens Autoren: Wagner, Adolf; Sedlacek, Klaus-Dieter In diesem Buch behandeln die Autoren Fragen zum Thema Intelligenz und Bewusstsein bei Pflanzen und geben Antworten. Der ...